家康の天下支配戦略

羽柴から松平へ

黒田基樹

角川選書
668

はじめに

徳川家康《とくがわいえやす》（一五四二〜一六一六）は、慶長五年（一六〇〇）の関ヶ原合戦で勝利したことにより、事実上、「天下人」の地位を確立させた。そして同八年に、征夷《せいい》大将軍に任官して、自身を主宰者とする新たな武家政権である徳川政権＝江戸幕府を樹立し、名目的にも「天下人」の地位の確保を果たした。二年後の同十年には、将軍職と徳川家家督の地位を嫡男の秀忠《ひでただ》（一五七九〜一六三二）に譲って、将軍職は代々徳川家が相承していくこと、同時に徳川政権を将来におよんで継続させることを明示した。

しかしそれによって、徳川政権の存続が盤石なものになったのか、といえば決してそうとはいえなかった。いまだ前政権の後継者である、羽柴《はしば》家宗家の羽柴（豊臣《とよとみ》）秀頼《ひでより》（一五九三〜一六一五）が存続していた。しかも家康・秀忠に服属する立場をとらなかった。家康は、秀忠に将軍職を譲った時には、もう六四歳（数え年、以下同じ）になっていた。すでに前政権の主宰者であった羽柴（豊臣）秀吉《ひでよし》が死去した時の年齢の六二歳を超えていた。それは家康が、その後に何時死去してもおかしくない状況にあったことを意味していた。それに加えて関ヶ原合戦後において、諸国の大名には、一国を領知する国持大名、あるいは領知高一〇万石以上の有力大名は、四〇家ほどが存在していたが、そのうち徳川家の一門もしくは譜代家老が占めた割合は二割ほどにすぎず、残る八割は外様大名であった。

そのため家康・秀忠にとって、徳川政権を継続させていくためには、それら八割を占めた外様有力大名について、いかに統制していくか、いかに政治関係を安定させていくかが、大きな課題となっていた。領知を与えることによる主従関係の形成、種々の公役を賦課するという政権としての統制を実現しているとはいっても、いまだ羽柴秀頼が健在のなか、家康が死去してしまえば、たとえ秀忠が将軍として存在していたとしても、徳川政権の存続は必ずしも保証されなかった。それゆえに家康・秀忠にとって、政権存続のためには、八割におよんだ外様有力大名との安定的かつ親密な政治関係の構築、すなわち日常的な側面における関係構築が重要であった。

そこで家康がとった方策が、松平苗字《みようじ》を授与して、徳川将軍家の擬制的な親族とすることと、婚姻関係を形成して姻戚《いんせき》とすること、であった。家康は、関ヶ原合戦後から死去までの一五年ほどのあいだに、一〇家の外様国持大名に松平苗字を与えた。また二一家の外様国持大名と婚姻関係を形成した。それにより家康は、外様国持大名家のほとんどと婚姻関係を結び、そのうちの有力者に松平苗字を称させることで、前代の羽柴（豊臣）政権期とは異なる新たな政治秩序を作り出した。そうして家康は、羽柴秀頼を政治的に孤立化させる状況を作り上げた。秀頼を滅亡させた大坂の陣で、秀頼に味方する大名が一つもあらわ

徳川家康像(東京大学史料編纂所所蔵模写)

れなかったのは、その結果といってよい。
羽柴政権の時期、諸国の有力大名は、すべて羽柴苗字を称していた。そこでは家康・秀忠も例外ではなかった。関ヶ原合戦後も、羽柴苗字を称する有力大名はまだまだ存在していたし、他方で羽柴家譜代系の国持大名が多く存在するようになっていた。家康はそうした状況のなか、羽柴苗字を称している有力大名を、松平苗字に改称させていき、また羽柴家譜代系の国持大名と婚姻関係を形成して、それにも松平苗字を与えていった。そうして羽柴苗字を称する大名家は減少し、逆に松平苗字を称する大名家の割合が大きくなっていった。それはあたかも、有力大名の在り方が「羽柴から松平へ」と変化していく様相を呈した。そしてそれこそが、羽柴政権から徳川政権への転換を象徴するものであった。

本書では、関ヶ原合戦後から家康の死去までにおける、家康による外様国持大名家への松平苗字の授与と婚姻関係の形成について、具体的に取り上げることにしたい。合戦後における家康の覇権確立の過程については、これまでにも多くの著作が出されている。しかしながらそれらの問題について、本格的に取り上げたものは、実は約六〇年も前の中村孝也『家康の族葉』しかない。しかしその後の史料発掘や研究の進展により、内容は多く書き改められるべき状態になっている。そもそも徳川政権の本質が、諸国の大名家を統制するものであったことからすると、この問題は、徳川政権の本質を認識するうえで極めて重要な性格にある。

家康は合戦から死去するまでの一五年という期間のなかで、二〇家を超える外様国持大名家とのあいだに、そのような関係を形成した。それは家康が、徳川政権の安定的存続のためにおこなった、懸命の対策であった、といって過言ではない。それはいってみれば、外様国持大名と良好な政治関係を構築することで、戦争を起こさずに、自身の「天下人」としての覇権を確保し続けようとしたものであった。本書ではその状況について、詳しく取り上げていくことにしたい。そこには、余命の短さを意識しながら、自己の政権の維持に懸ける、家康の必死さをみることができるに違いない。

家康の天下支配戦略——羽柴から松平へ

目次

第一章　徳川家康の覇権確立

関ヶ原合戦時の大名配置

慶長五年（一六〇〇）九月十五日（旧暦、以下同じ）の美濃《みの》関ヶ原合戦により、徳川家康は「天下人」の地位を確立した。家康は五九歳になっていた。もっともその時点で、家康は、羽柴（豊臣）政権の政務を担う「五大老」の筆頭にして、実質的に政務を担った執政の立場にあった。とはいえ、その立場はあくまでも「天下の家老」であり、決して「天下の主人」になったのではなかった。そこから家康は、諸大名を服属させて、自らを「天下の主人」としての立場を確立させていくのである。

羽柴政権において、政権を構成する有力大名は、羽柴苗字《みょうじ》を称し、公家成《くげなり》大名（従《じゅ》五位下・侍従以上の官位にあった大名）の立場にあった（拙著『羽柴を名乗った人々』）。またその後では、一国・半国以上を領知する国主・半国主、あるいは領知高一〇万石以上が、有力大名の指標になっていく。関ヶ原合戦時におけるそれらの立場にあった大名を列挙すると、次のようになる。

関ヶ原合戦時の国主並み・一〇万石以上の大名

陸奥　盛岡一一万石　南部信濃守利直

岩出山六一万四千石　羽柴（伊達）大崎少将（越前守）政宗

		同嫡男・羽柴（伊達）大崎侍従ヵ秀宗
	会津九一万九千石	羽柴（上杉）会津中納言景勝
出羽	山形一三万石	羽柴（山形・最上）出羽（最上）侍従（出羽守）義光
		同嫡男・羽柴（山形・最上）修理大夫義康
常陸	太田五四万五千石	羽柴（佐竹）常陸侍従義宣
下野	宇都宮二〇万石	羽柴（蒲生）宇都宮侍従（藤三郎）秀隆（秀行）
下野	（下総）結城一〇万一千石	羽柴（結城）結城宰相（三河守）秀康
安房	館山四万五千石	羽柴（里見）安房侍従義康
武蔵	江戸二四〇万二千石	羽柴（徳川）武蔵内大臣家康
		同嫡男・羽柴（徳川）江戸中納言（武蔵守）秀忠
甲斐	甲府二一万七千石	浅野左京大夫幸長
信濃	川中島一三万七五〇〇石	羽柴（森）川中島侍従（右近大夫）忠政
	飯田八万石	羽柴（京極）伊奈侍従（修理大夫）生双（高知）
美濃	岐阜一三万三千石	羽柴（織田）岐阜中納言（美濃守）秀信
	郡上四万石	羽柴（稲葉）郡上侍従（右京亮）貞通
近江	佐和山一九万四千石	石田治部少輔三成
	大津六万石	羽柴（京極）大津宰相高次

水口二〇万石　増田右衛門尉長盛
駿河　駿府一四万五千石　中村式部少輔一氏
遠江　浜松一一万二千石　堀尾帯刀吉晴
三河　吉田一五万二千石　羽柴（池田）吉田侍従（三左衛門尉）照政（輝政）
岡崎一〇万石　田中兵部少輔吉政
尾張　清須二〇万石　羽柴（福島）清須侍従（左衛門大夫）正則
伊賀　上野六万石　羽柴（筒井）伊賀侍従（伊賀守）定次（利雄）
越後　春日山四五万石　羽柴（堀）越後侍従（久太郎）秀治
加賀　金沢七七万五千石　羽柴（前田）加賀中納言（肥前守）利長
（能登七尾二一万五千石）　同嫡男・羽柴（前田）能登侍従（孫四郎）利政
小松一二万五千石　羽柴（丹羽）小松宰相（加賀守）長重
越前　北庄二〇万石　羽柴（青木）北庄侍従（紀伊守）重吉
東郷一一万石　羽柴（長谷川）東郷侍従（長吉）秀弘
大野四万五千石　羽柴（織田）大野宰相秀雄
若狭　小浜六万二千石　羽柴（木下）若狭少将勝俊
同嫡男・羽柴（木下）若狭侍従秀勝
丹後　宮津一一万石　羽柴（長岡）丹後宰相（越中守）忠興

同嫡男・羽柴（長岡）丹後侍従（与一郎）忠隆

丹波　亀山五万石　羽柴（前田）主膳正茂勝

備前　岡山四七万四千石　羽柴（宇喜多）備前中納言秀家

同嫡男・羽柴（宇喜多）備前侍従（孫九郎）秀隆

安芸　広島一二〇万五千石　羽柴（毛利）安芸中納言輝元

同嫡男・羽柴（毛利）安芸侍従秀就

（山口一七万石）　羽柴（毛利）安芸宰相秀元

（富田一一万石）　羽柴（吉川）富田侍従（蔵人頭）広家

阿波　徳島一七万三千石　蜂須賀阿波守家政

讃岐　高松一二万六二〇〇石　生駒雅楽頭親正

土佐　浦戸九万八千石　羽柴（長宗我部）土佐侍従（土佐守）盛親

対馬　羽柴（宗）対馬侍従（対馬守）吉智（義智）

豊前　中津一三万石　黒田甲斐守長政

筑前　名島三三万六千石　羽柴（小早川）筑前中納言（金吾）秀秋（秀詮）

筑後　久留米三万五千石　羽柴（小早川）久留米侍従（内記）秀包

柳川一三万二千石　羽柴（立花）柳川侍従（左近大夫）親成（宗茂）

肥前　佐賀三一万石　鍋島加賀守直茂

肥後　熊本一九万五千石　　　　加藤主計頭清正
　　　宇土一四万六三〇〇石　　小西摂津守行長
薩摩　内城六〇万九千石　　　　羽柴（島津）薩摩少将忠恒（家久）
　　　（大隅）　　　　　　　　羽柴（島津）薩摩宰相（兵庫頭）義弘

（注）領国高は、知行充行状《ちぎょうあてがいじょう》など確実な史料が存在する場合はそれにより、それがみられない場合は、「慶長三年大名帳」（『続群書類従第二十五輯上』所収）における記載を基本にした。

およそ四六家をあげることができる。そのなかで羽柴苗字・公家成大名であったものは三三家あり、嫡男や有力一族で羽柴苗字・公家成大名であったものを含めると、四四人にのぼっている。これらが羽柴政権における有力大名であり、その時点では徳川家康も、そのうちの一人でしかなかった。また羽柴苗字・公家成大名でなかったのは、外様大名では陸奥《むつ》盛岡の南部《なんぶ》利直《としなお》のみであり、その他の一二名は、すべて羽柴家の譜代家臣であった。なお羽柴（福島《ふくしま》）正則《まさのり》・羽柴（青木《あおき》）重吉《しげよし》も、実質的には羽柴家譜代家臣とみなされるので、それを含めれば一四名になる。

これをみただけでも、羽柴政権において、羽柴苗字・公家成大名がいかに多くの割合を占めていたかがわかるであろう。家康は、関ヶ原合戦における勝利ののち、この政治秩序を改変していくのである。

関ヶ原合戦後の大名配置大改編

関ヶ原合戦ののちに、家康がおこなったのは、敵対した大名の改易、味方した大名への領知の加増であった。これにより大名配置は大きく改編された。合戦後の時点では、陸奥会津上杉景勝《うえすぎかげかつ》・常陸佐竹義宣《ひたちさたけよしのぶ》・薩摩島津忠恒《さつましまづただつね》（家久《いえひさ》）がいまだ服属していなかったが、慶長七年（一六〇二）には、いずれも服属し、それにより家康は諸国の大名すべてを服属させることになり、すなわち「天下の主人」の立場を確立する。合戦後から、家康は大名配置を改編し、上杉景勝・佐竹義宣を服属させ、その領知の転封によって、合戦にともなう大名配置の改編は終了をみている。さらに合戦後、多くの大名が羽柴苗字を廃する状況がみられた。その結果を示すと次の通りである。

関ヶ原合戦後（慶長七年五月の佐竹義宣転封時）の国主並み・一〇万石以上の大名

陸奥　盛岡一〇万石　　○南部信濃守利直
　　　仙台六一万五千石　○羽柴（伊達）大崎少将（越前守）政宗
　　　会津六〇万石　　羽柴（蒲生）会津侍従（飛騨守）秀行
　　　平一〇万石　　　鳥居左京亮忠政
出羽　山形五三万四千石　□最上（山形）出羽侍従（出羽守）義光

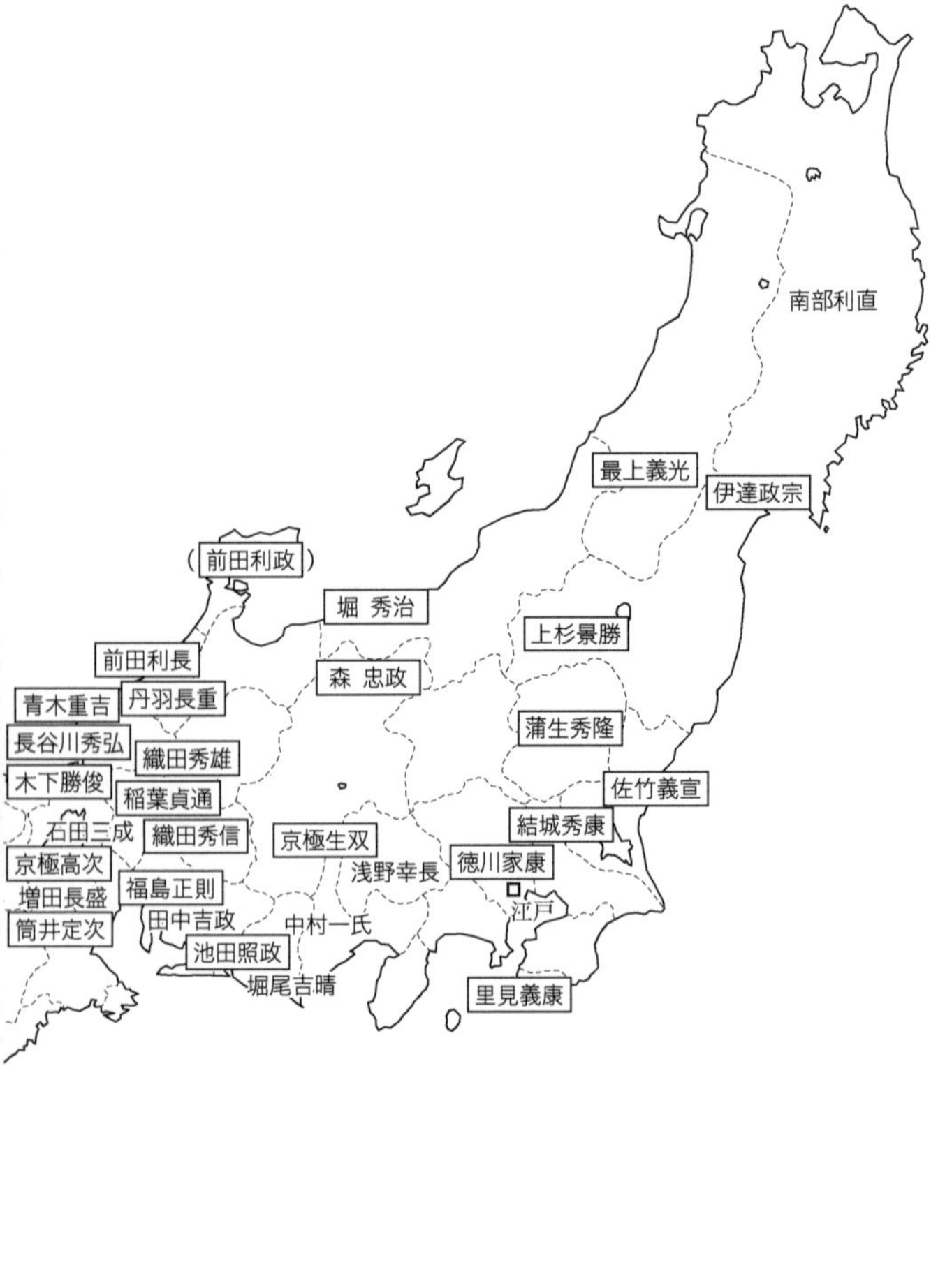

関ヶ原合戦時の国主並み・10万石以上の大名　※ 人名 は羽柴苗字を称した者

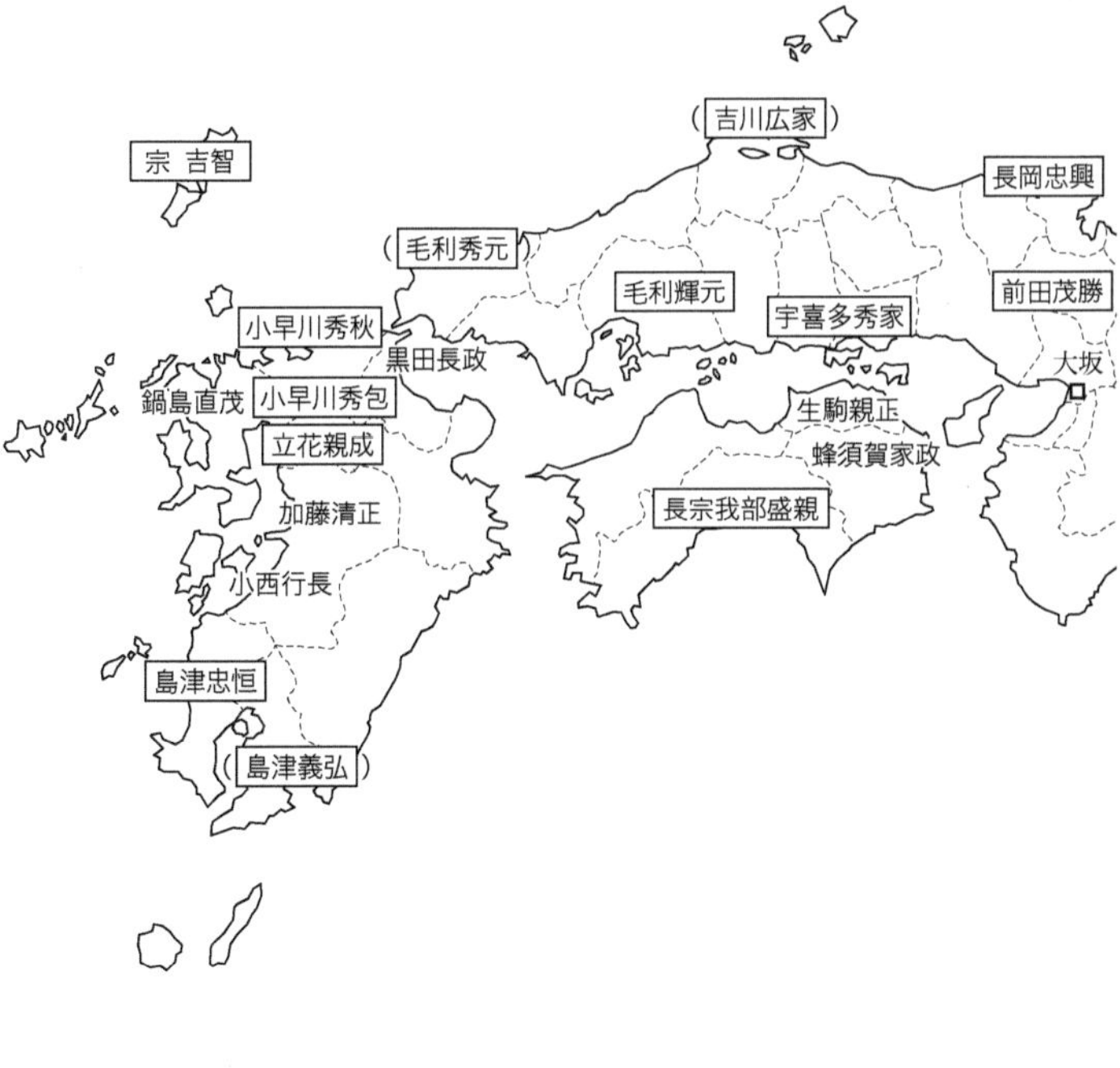
（吉川広家）
宗 吉智
長岡忠興
（毛利秀元）
毛利輝元
前田茂勝
小早川秀秋
宇喜多秀家
黒田長政
大坂
鍋島直茂
小早川秀包
生駒親正
立花親成
蜂須賀家政
加藤清正
長宗我部盛親
小西行長
島津忠恒
（島津義弘）

	秋田二〇万石	佐竹秋田侍従（右京大夫）義宣
	米沢三〇万石	上杉米沢中納言（弾正少弼）景勝
常陸	水戸二〇万石	松平（武田）万千代（信吉）
上野	館林一〇万石	○榊原式部大輔康政
下野	宇都宮一〇万石	奥平大膳大夫家昌
安房	館山四万五千石	○里見安房侍従義康
信濃	川中島一三万七五〇〇石	○羽柴（森）川中島侍従（右近大夫）忠政
美濃	加納一〇万石	松平（奥平）飛騨守忠政
近江	佐和山一八万石	井伊右近大夫直継（直勝）
尾張	清須四二万石	松平清須侍従（下野守）忠吉
伊勢	桑名一〇万石	本多中務大輔忠勝
伊賀	上野六万石	○羽柴（筒井）伊賀侍従（伊賀守）定次（利雄）
越後	春日山四五万石	○羽柴（堀）越後侍従（左衛門督）秀治
加賀	金沢一一九万三千石	□羽柴（前田）加賀中納言（肥前守）利長
越前	北庄六八万石	松平（結城）越前宰相秀康
若狭	小浜九万二千石	京極若狭宰相高次
丹後	宮津一二万三千石	羽柴（京極）丹後侍従（修理大夫）生双（高知）

丹波	亀山五万石	○羽柴（前田）主膳正茂勝
紀伊	和歌山三七万四千石	浅野左京大夫幸長
播磨	姫路五二万石	羽柴（池田）播磨侍従（三左衛門尉）照政（輝政）
備前	岡山四〇万七千石	羽柴（小早川）備前中納言秀詮
安芸	広島四〇万二千石	羽柴（福島）安芸少将（左衛門大夫）正則
出雲	富田二三万五千石	堀尾信濃守忠氏
伯耆	米子一七万五千石	中村一学（忠一）
長門	萩三〇万石	毛利前中納言宗瑞（輝元）
		毛利周防侍従（藤七郎）秀就
阿波	徳島一八万七千石	○蜂須賀長門守豊雄（至鎮）
讃岐	高松一七万一八〇〇石	○生駒讃岐守一正
伊予	今治二〇万石	藤堂佐渡守高虎
	松山一九万一六〇〇石	加藤左馬助吉明（嘉明）
土佐	高知二〇万三千石	山内対馬守一豊
対馬		○羽柴（宗）対馬侍従（対馬守）吉智（義智）
豊前	中津三〇万石	羽柴（長岡）豊前宰相（越中守）忠興
筑前	福岡四九万石	黒田甲斐守長政

筑後　柳川三〇万二千石　　　　田中兵部少輔吉政
肥前　佐賀三五万七千石　　　　〇鍋島加賀守直茂
　　　唐津一一万七千石　　　　寺沢志摩守正成（広高）
肥後　熊本五二万石　　　　　　加藤主計頭清正
薩摩　鹿児島六〇万九千石　　　〇羽柴（島津）薩摩少将忠恒（家久）

（注）領国高は、知行充行状など確実な史料が存在する場合はそれにより、それがみられない場合は、「慶長十六年禁裏御普請帳」（『続群書類従第二十五輯上』所収）における記載を基本にした。人名の前に付した〇は、本拠・領国高ともにほぼ継続されたもの、□は本拠はほぼ継続されて領国高を加増されたものを示している。

「天下人」となった徳川家と「天下人」候補の羽柴家宗家の秀頼を除いて、国主並み・領知高一〇万石以上、および羽柴苗字を称し続けた有力大名は、四三家があげられる。そのうち羽柴苗字を称し続けたのは、一四家にすぎなくなっていた。とはいえそれでも三割以上の有力大名が、依然として羽柴苗字を称し続けていた、ともいえる。

羽柴家宗家である羽柴秀頼は、慶長六年三月、家康による政権と羽柴家家政との分離により、実質的には、摂津・河内《かわち》・和泉《いずみ》三ヶ国六五万七四〇〇石余と諸国に散在した直轄領二五万石以上を領知する存在になり、事実上は一つの大名になっていた（拙著『羽柴家崩壊』)。もっとも秀頼は、家康に服属する立場になったわけではなく、依然として次期「天下人」の地位の可能性は温存されていた。いまだ一四家の羽柴苗字を称する有力大名が存在し続けたのは、秀頼が「天下人」になる可能性が、十分に残存していたことの反映とみることができる。

四三家のうち、戦国時代以来の旧族大名は、南部利直・羽柴(伊達《だて》)政宗《まさむね》・最上《もがみ》義光《よしあき》・佐竹義宣・上杉景勝・里見《さとみ》義康《よしやす》・毛利《もうり》宗瑞《そうずい》(輝元《てるもと》)・羽柴(宗《そう》)吉智《よしとも》・鍋島直茂《なべしまなおしげ》・羽柴(島津)忠恒(家久)の一〇人がいる。そのうち三家は依然として羽柴苗字を称していた。

羽柴政権において有力大名として存在した、旧織田家家臣系では、羽柴(蒲生《がもう》)秀行《ひでゆき》・羽柴(森《もり》)忠政《ただまさ》・羽柴(筒井《つつい》)定次《さだつぐ》・羽柴(堀《ほり》)秀治《ひではる》・羽柴(前田《まえだ》)利長《としなが》・京極高次《きょうごくたかつぐ》・羽柴(京極)生双(高知《たかとも》)・羽柴(池田《いけだ》)照政《てるまさ》(輝政《てるまさ》)・羽柴(長岡《ながおか》)忠興《ただおき》の九人が存在していた。それらでは京極高次を除いて、すべて羽柴苗字を称し続けている。

羽柴家一門衆も、一人だけだが存続していて、羽柴(小早川《こばやかわ》)秀詮《ひであき》がいた。

また羽柴家譜代系では、羽柴(前田《まえだ》)茂勝《しげかつ》・浅野《あさの》幸長《よしなが》・羽柴(福島)正則・堀尾《ほりお》忠氏《ただうじ》・中村一学《なかむらいちがく》(忠一《ただかず》)・蜂須賀《はちすか》豊雄《とよかつ》(至鎮《よししげ》)・生駒一正《いこまかずまさ》・藤堂高虎《とうどうたかとら》・加藤嘉明《かとうよしあき》・山内一豊《やまうちかずとよ》・黒田《くろだ》長政《ながまさ》・田中吉政《たなかよしまさ》・寺沢正成《てらざわまさなり》(広高《ひろたか》)・加藤清正《かとうきよまさ》の一四人が、国主並み、あるいは羽柴苗字を称する有力大名として存在するようになっている。合戦前では、羽柴家譜代系は一四人であったから、人数的には変わっていないものの有力大名のうち三割を超えているので、

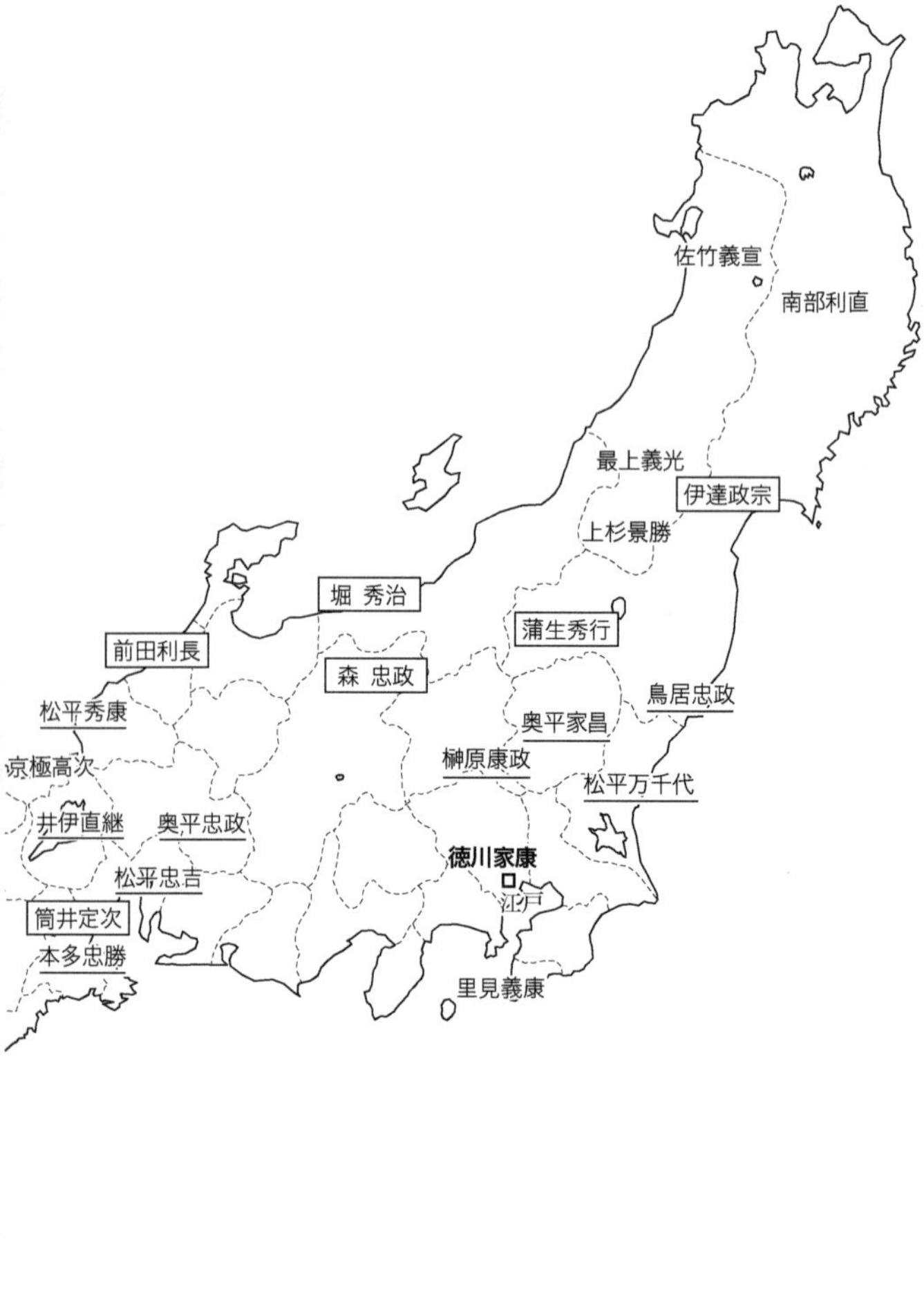

関ヶ原合戦後の国主並み・10万石以上の大名　※ 人名 は羽柴苗字を称した者
人名は徳川家一門・家老

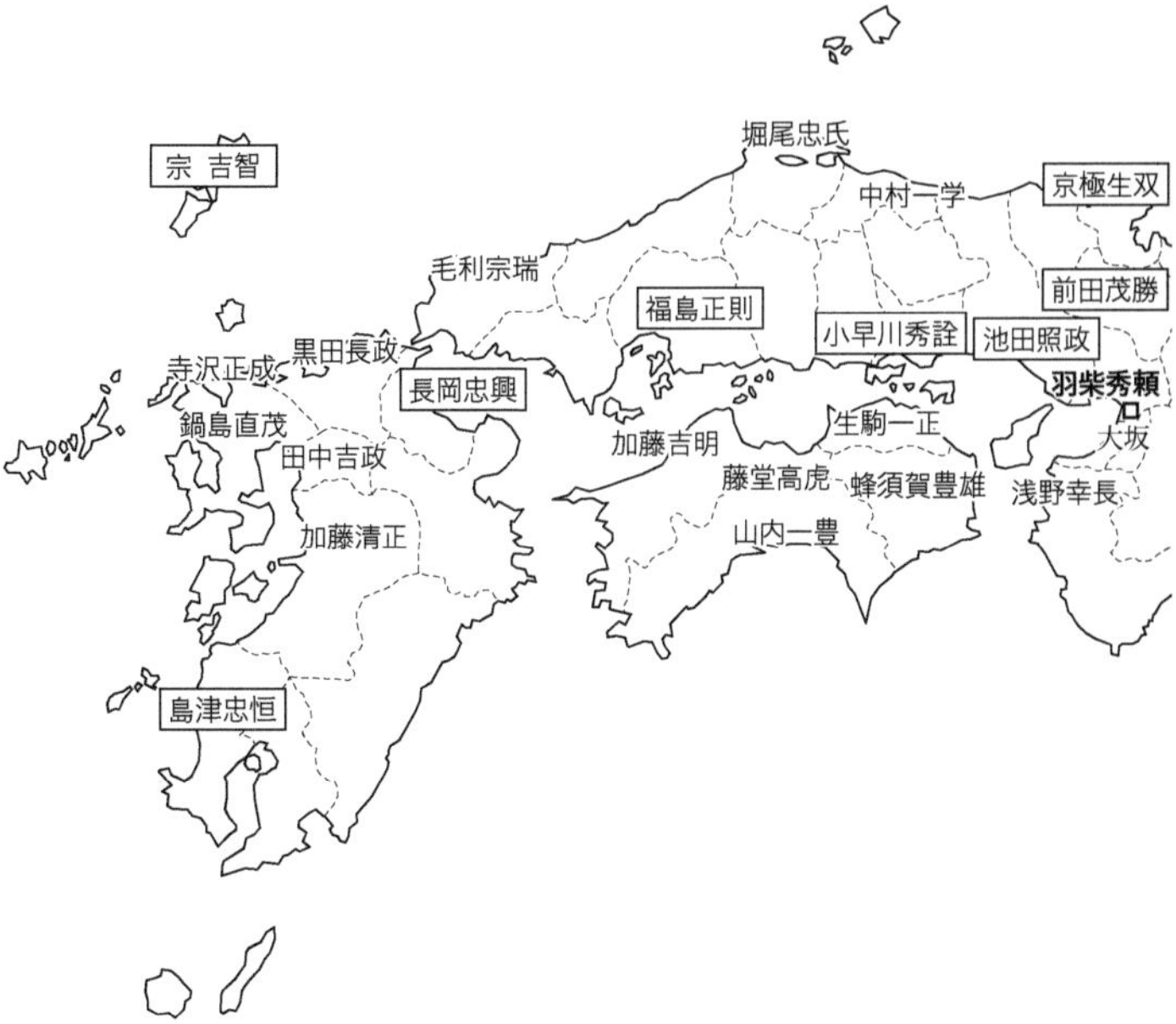

宗 吉智
堀尾忠氏
中村一学
京極生双
毛利宗瑞
福島正則
前田茂勝
小早川秀詮
池田照政
寺沢正成
黒田長政
長岡忠興
羽柴秀頼
鍋島直茂
加藤吉明
生駒一正
大坂
田中吉政
藤堂高虎
蜂須賀豊雄
浅野幸長
加藤清正
山内一豊
島津忠恒

最も多くの割合を占めるものとなっている。特に西国において、ほとんどが国持大名として存在するようになっていることは、それらの政治的比重の大きさを示している。

その一方で、家康の一門・家老の多くも、それらに匹敵する有力大名に取り立てられている。一門では、次男松平秀康《まつだいらひでやす》・四男松平忠吉《ただよし》・五男松平万千代《まんちよ》（信吉《のぶよし》）の三人、家老では、鳥居忠政《とりいただまさ》・榊原康政《さかきばらやすまさ》・奥平家昌《おくだいらいえまさ》・松平（奥平）忠政《ただまさ》（家昌の弟）・井伊直継《いいなおつぐ》・本多忠勝《ほんだただかつ》の六人、あわせて九人にのぼっている。とはいえその割合は、全体の二割に達しているにすぎなかった。

こうしてみてみると、家康にとって、有力大名のうちの八割が、いわゆる外様にあたっているという状態にあった。しかもそのうち三割以上がいまだ羽柴苗字を称しているという状態にあった。家康は「天下人」の地位を確立したとはいえ、いまだ次期「天下人」候補の羽柴秀頼が健在であった。そのなかで、自らの「天下人」としての地位の継続のためには、それら八割の外様有力大名への統制とその継続が、大きな課題をなしたことが認識される。

家康の将軍任官

家康は、「天下人」の地位を確固たるものとするため、まずは自身を主宰者とする新たな政権の樹立を図った。すなわち征夷《せいい》大将軍に任官して、自ら新たな武家政権の首長になることである。家康は、合戦後の早い段階から将軍任官を企図していたと考えられる。

合戦の翌年の慶長六年（一六〇一）三月、それまで羽柴家本拠の大坂城で天下統治にあたっていたところ、同城から退去し、再建がなった伏見城に移って、同城を「天下の政庁」として、同城で天下統治にあたることにした。政権と羽柴家家政の分離も、これにともなうものであった。

そのうえで羽柴秀頼を権大納言に昇進させて従二位・権大納言とし、翌日に嫡男秀忠を、従二位・権大納言に叙任させて、羽柴秀頼と同等にしている。これにより秀頼・秀忠は、諸大名中において最高位の官位に位置し、すなわち諸大名とは格別な地位に位置付けられた。秀頼は、羽柴家当主として、次期「天下人」候補として、秀忠もまた、家康嫡男として、同様に次期「天下人」候補であることが示された。しかもこの秀忠の叙任に際して、秀忠は本姓を、それまでの豊臣姓を廃し、源姓でうけている。これは徳川家が、羽柴苗字・豊臣姓を廃して、徳川苗字・源姓に改称したことを意味している。

家康・秀忠は、それまでは羽柴政権の有力大名として、羽柴苗字・豊臣姓を称していた。しかし合戦での勝利を契機に、それらを廃したのである。それはすなわち、自身が羽柴政権を構成する大名の立場ではなくなったことを表明するもの、ととらえられる。家康はかつて、源姓を本姓にしていた。ここで源姓に復しているのは、将軍任官のためであったことが確認されている。このことから家康は、伏見城を本拠にし、秀忠を昇進させた時には、明確に将軍任官を企図していたとみることができる（拙著『徳川家康の最新研究』）。

しかしその時点では、いまだ上杉景勝・佐竹義宣・島津忠恒（家久）が服属していなかった。そのため家康は、それらの服属をすすめていき、同七年十二月に島津忠恒が家康に出仕したことをもって、家康は諸大名すべてを服属させた。それをうけて翌年の同八年二月十二日に、征夷大将軍に任官するとともに、内大臣から右大臣に昇進した。これにより家康は、名目的にも新たな武家政権の首長の地位を確立したのであった。

ちなみにその二ヶ月後に、家康は羽柴秀頼を内大臣に昇進させている。いうまでもなく、これは旧主家であり、かつ「天下人」の資格を温存させていた羽柴家への配慮であった。いまだ有力大名の三割が羽柴苗字を称し、また有力大名の三割が羽柴家譜代系であったことからすると、羽柴家を尊重する姿勢をとらざるをえなかった、とみなされるだろう。秀頼が存続しているなか、いかに自己の政権を確立していくかが、家康の課題であったことがうかがわれよう。

旧小早川秀詮領国の再編にともなう大名配置の変化

関ヶ原合戦にともなう大名配置の再編後に、大きな大名配置の変更がみられたのは、慶長七年（一六〇二）十月に備前・美作《みまさか》二ヶ国の国持大名・小早川秀詮が死去したことをうけて、同八年二月におこなわれた、大名の転封となる。小早川秀詮は、羽柴家の一門衆として唯一存続していたものになるが、後継者がいなかったため、絶家となり、その領国は政権に収公された。これにより羽柴家の一門衆は一人も存在しなくなった。

小早川秀詮の領国のうち、備前は池田照政（輝政）の五男・忠継《ただつぐ》（当時は幼名藤松丸《ふじまつまる》）に新たに与えられた。池田照政は、家康次女・督《とく》の夫であった。照政は、合戦の結果で、播《はり》磨《ま》五二万石を与えられていたが、ここに忠継の名義とはいえ、新たに備前二八万石を与えられ、あわせて八〇万石を領知する存在になった。これは外様大名のなかで最大の領知を有した加賀前田家の一一九万石に次ぐものとなる。家康が、娘婿の池田照政を、いかに尊重していたかがわかる。

美作には森忠政が信濃川中島領から転封された。その川中島領には、家康七男・松平忠《ただ》輝《てる》が下総《しもうさ》佐倉領から転封された。これにより信濃から羽柴政権期以来の有力大名はいなくなっている。また徳川家の一門・家老の有力大名も、これで一〇人になった。外様大名の改易をうけて、徳川家一門・家老の有力大名が創出されていく状況がみてとれよう。

新たな公家成大名の創出

家康は合戦での勝利により、諸大名に対する官位叙任権をも掌握していた。それを最初に行使したのは、合戦後の慶長五年（一六〇〇）十一月十八日に、四男・松平忠吉を従《じゅ》四《し》位《い》下《げ》・侍従に叙任させ、新たに公家成大名にしていることである。忠吉は尾《お》張《わり》四二万石を与えられて国持大名になっていたから、それに見合う政治的地位を与えた、ととらえられる。しかし家康が、合戦後に新たに公家成大名としたのは、この忠吉だけになっている。

その後、羽柴秀頼・徳川秀忠への官位叙任はみられたが、諸大名にはしばらくおこなわれなかった。諸大名に対する官位叙任の最初は、同七年三月七日に福島正則を左近衛権少将に昇進させているものになる（木下聡編『豊臣期武家口宣案集』四一四号）。この時点で、有力大名で少将以上の官職にあったのは、いずれも羽柴政権期以来の、中納言の上杉景勝・前田利長（毛利宗瑞は出家により前《さきの》中納言になっている）、参議の松平秀康・京極高次・長岡（細川）忠興にすぎず（丹羽《にわ》長重《ながしげ》は常陸古渡《ふっと》一万石、毛利《もうり》秀元《ひでもと》は毛利家一門の立場）、同じ少将には伊達政宗・島津忠恒（家久）があった。正則はそれに匹敵する地位を与えられたことになる。それは正則が、羽柴家譜代系の有力大名の代表的存在であったからとみなされる。ここに家康が、羽柴家譜代系の有力大名との関係の在り方を、どのように構築していくか考慮していたことがうかがわれる。

そして同八年二月に、家康の将軍任官にともなって、池田照政（輝政）を従四位下・右近衛権少将に昇進、同年三月に松平秀康を従三位に昇進させている。池田照政は、家康の娘婿であり、外様有力大名とはいっても、実質的には身内の関係にあった。それを少将に昇進させているのは、照政の政治的地位を、有力大名のなかでも高位に位置付けるもの、とみなされる。松平秀康の昇進は、同じ参議の官職のなかでも筆頭に位置付けるものといえ、徳川家一門の政治的地位を高めようとしたもの、ととらえられる。

しかしいずれも昇進の事例であり、新たな公家成大名を生んではいない。合戦後から将軍任官までの官位叙任は、松平忠吉・福島正則・池田照政・松平秀康の四人にしかみられていないことから、この時期、家康は諸大名への官位叙任に抑制的であったことがうかがわれる。羽柴政権では、大名への政治編成は、官位序列によっておこなわれていた。新たな武家政権として徳川政権＝江戸幕府を樹立したものの、そうした官位序列はそのまま残存しており、家康としても諸大名への対応において、その政治秩序に規定されていた、とみることができる。

この後において、家康、そしてそれを受け継いだ秀忠・家光《いえみつ》は、羽柴苗字・公家成大名によって構成されていた政治秩序を、徐々に改編していくことになる。しかし官位序列による在り方は、結局のところ、内容を改編してはいくものの、基本的な部分では継承していくことになる。それはすなわち、すでに確固として存在していた政治秩序を、全く新たなものに変更することはできなかったことを意味しよう。既存の政治秩序のなかで、いかに徳川政権の論理を構築していくかが、これから家光の代までにわたって取り組まれていくのである。しかしながら、本書ではその全貌《ぜんぼう》を取り上げるまでにはいたらない。基本的には家康の生前期を中心に、秀忠将軍期までを対象にすることをあらかじめ断っておきたい。

羽柴家譜代系国持大名への領国受領名の付与

家康の将軍任官後に、有力大名に対する官位政策として新たにみられたことがある。それは羽柴家譜代系の国持大名に、従四位下の位階と、領知する領国の国名の受領名《ずりょうめい》（朝廷の地方官に因《ちな》む通称）を与える、というものである。

将軍任官の一ヶ月後の慶長八年（一六〇三）三月二十五日に、肥後加藤清正に肥後守《ひごのかみ》、紀伊《きい》浅野幸長に紀伊守、筑前《ちくぜん》黒田長政に筑前守、阿波《あわ》蜂須賀豊雄（至鎮）に阿波守、出雲《いずも》堀尾忠氏に出雲守、土佐山内一豊に土佐守、筑後《ちくご》田中吉政に筑後守、讃岐《さぬき》生駒一正に讃岐守、伯耆《ほうき》中村一忠《かずただ》（忠一）に伯耆守、をそれぞれ与えている（『豊臣期武家口宣案集』四二六～八・四三一～四・参考三号）。すなわち加藤清正ら九人の国持大名に、領国と同じ受領名、これを「領国受領名」と呼ぶことにし、それを与えているのである。

羽柴政権期にも、有力大名のなかには領国受領名を与えられた者もいた。先に掲げた関ヶ原合戦時の有力大名一覧にも、最上義光（出羽《でわ》守）・徳川秀忠（武蔵《むさし》守）・織田《おだ》秀信《ひでのぶ》（美濃守）・筒井定次（伊賀《いが》守）・丹羽長重（加賀守）・蜂須賀家政《いえまさ》（阿波守）・長宗我部《ちょうそかべ》盛親《もりちか》（土佐守）・宗吉智（義智・対馬《つしま》守）がみられていた。このうち蜂須賀家政（豊雄の父）だけが羽柴家譜代で、それ以外はすべて羽柴苗字を称した者たちになる。

蜂須賀家政は、明確に一国を領知した国持大名であったが、同じ羽柴家譜代では生駒親《ちか》正《まさ》（一正の父）も讃岐一国を領知していた国持大名であった。しかし生駒親正は、領国受領名を与えられていない。羽柴政権では、領国受領名は、羽柴苗字を称した有力大名に与えられるもので、羽柴家譜代には基本的には与えられなかったように思われる。蜂須賀家政の事例は、特殊なものととらえておきたい。

そうしたなかで家康は、羽柴家譜代系の国持大名に対して、従四位下・領国受領名という新たな官位秩序を与えた、とみることができる。加藤清正らの九人は、羽柴家譜代系で一国を領知した国持大名のすべてにあたっている。その他に、福島正則もそれに含めることもできるが、正則は羽柴苗字・公家成大名の立場にあったから、すでに彼らとは異なる存在になっていた、といいうる。したがってここで家康が、加藤清正らに従四位下・領国受領名を与えたのは、彼らに対する新たな政治的地位を設けたもの、ととらえることができる。

また位階として従四位下を与えていることも注目される。羽柴政権期での有力大名は、従五位下・侍従以上の公家成大名であったが、位階は従五位下がほとんどで、その後に従四位下に昇叙されていた。加藤清正らも、すでに従五位下の位階には叙位されていたから、ここでの従四位下昇進は、国持大名の政治的地位の指標の一つとして設けられたもの、とみなすことができる。

この領国受領名と従四位下の位階は、その後の徳川政権による外様国持大名統制における政治秩序として機能していくことになる。領国受領名については、家康はこの後、その他の外様国持大名、すなわち旧戦国大名・旧織田家家臣にも与えていて、伊達家・若狭《わかさ》京極家・丹後京極家・福島家・毛利家にもみられるようになっている。そして秀忠・家光期には、森家・鍋島家・細川家・島津家に、家綱《いえつな》期には前田家にもみられていくことになる。

従四位下の位階については、家康の最晩年になって、侍従任官と同時におこなわれるようになっているものの（井伊直孝《なおたか》〈直継の弟〉・池田忠長《ただなが》〈忠雄《ただかつ》。忠継《ただつぐ》の弟〉・蒲生忠郷《たださと》〈秀行の子〉の事例）、それらは徳川家の身内（家康の外孫）および譜代家老についてのものになり、外様国持大名については、侍従任官の際は従五位下に叙位されていた。しかし秀忠将軍期の元和《げんな》九年（一六二三）から、侍従任官時から従四位下に叙位されるようになり（上杉定勝《さだかつ》〈景勝の子〉・池田光政《みつまさ》〈輝政の孫〉の事例）、以後はそれが定例化されている。

こうして秀忠期には、従四位下・領国受領名が外様有力大名に対する政治的地位の指標として確立するようになっている。家康による、羽柴家譜代系の国持大名へのそれらの付与は、明らかにその契機をなすものであった、とみなされる。

秀忠の将軍任官

家康は、自身が将軍に任官してから二年後に、将軍職と徳川家家督を嫡男秀忠に譲った。慶長十年（一六〇五）四月十六日に、秀忠は征夷大将軍および正二位・内大臣に叙任され

徳川秀忠像（東京大学史料編纂所所蔵模写）

た。家康はそれにともなって、右大臣を辞し、同官には羽柴秀頼を任官させた。ここでも官位序列は、家康・秀頼・秀忠の順序であり、家康はここでも、秀頼の政治的地位に配慮していた。

家康はこの時、六四歳になっていた。すでに羽柴秀吉が死去した時の年齢の六二歳を超えていた。家康にとっては、すでに何時死去してもおかしくない年齢になっていた。わずか二年で武家政権首長の地位を示す将軍職を、秀忠に譲っているのは、いうまでもなく徳川家を主宰者とする武家政権を今後も継続していくことを示すためであった。しかしそれと同時に、早く秀忠に将軍職を譲ることで、次代への継承を確保するためであった、とも考えられる。秀忠に継承させる前に、家康が死去してしまったなら、徳川政権自体の存続は、必ずしも保証されていなかったからである。

それは次期「天下人」候補であり、秀忠よりも政治的地位が上位にあった、羽柴家宗家の羽柴秀頼の存続と、いまだ羽柴苗字を称する有力大名、羽柴家譜代系の国持大名が多く存在していたからであった。家康の「天下人」としての覇権は、関ヶ原合戦による諸大名に対する主従関係の形成をもとにしたものであったが、同時にいまだ羽柴秀頼が政務を担える年齢になかったためでもあった。

徳川政権を存続させることができるかどうか、という懸念は、秀忠に将軍職を譲ったからといって払拭《ふっしょく》されるわけではなかった。そのため依然として、「天下人」としての家康の存在が不可欠であった。家康が死去してしまったなら、たとえ秀忠が将軍職にあったとしても、政権を存続させることができるという保証はなかった、といってよかろう。それは、羽柴秀頼が存続していて、羽柴苗字を称する有力大名、羽柴家譜代系の国持大名が多く存在していた、という状況に変わりはなかったからである。

新たな大名官位の上昇・授与

秀忠の将軍任官にともなって、有力大名の官位昇進や新たな公家成化がみられるようになっている。すなわち、加賀前田家当主にされた前田利光《としみつ》(利常《としつね》。利長《としなが》の弟)、池田照政

（輝政）嫡男の照直《てるなお》（利隆《としたか》）、最上義光嫡男の家親《いえちか》、細川忠興嫡男の忠利《ただとし》が、従五位下・侍従（すぐに従四位下に昇叙）に叙任されて、公家成大名になっている。前田利光は、兄で養父の利長から同時に家督を譲られて、当主になっているが、実態としては嫡男と異ならない。その他の池田照直・最上家親・細川忠利は、嫡男の立場で公家成化されたものになる。

それまで家康は、徳川家一門以外については、新たな公家成大名を生んでいなかったが、秀忠の将軍任官を機に、有力大名の嫡男について、公家成化をすすめたことになる。それは官位序列を、有力大名に対する政治統制の仕組みとして、明確に継続することを意味した。ただしそこで新たに公家成大名にされているのは、池田照直は家康娘婿の照政の嫡男、最上家親は家康の近臣、細川忠利は秀忠の近臣というように、いずれも家康・秀忠と親密な関係にあった者に限られていた、とみなしてよいであろう。

同時に、徳川家一門についても、大幅な官位昇進をおこなっている。松平秀康を権中納言に、同忠吉を左近衛権中将に昇進させている。これにより秀康は、諸大名中において官位は筆頭に並び、忠吉は参議任官の大名に次ぐ地位に置かれた。それは少将を飛び越してのものであった（ただしともに慶長十二年に死去）。さらに七男・松平忠輝を、従四位下・右近衛権少将に、秀康嫡男の松平忠直を従五位下・侍従に叙任して、新たな公家成大名にしている。なかでも忠輝は、家康の実子ということから、初官が侍従ではなく少将とされている。多くの侍従の大名を飛び越して、少将に任じられたものになる。これにより徳川家一門の公家成大名も、秀康・忠吉・忠輝・忠直と、四人になった。

こうして諸大名の官位序列において、徳川家一門が高い地位につくようになってきた。翌同十一年には、松平忠直が少将に昇進、秀忠四女・初《はつ》の婿である京極忠高《ただたか》（高次の子）が従五位下・侍従（すぐに従四位下に昇叙）に叙任されて公家成大名になり、家康九男の徳川義知《よしとも》（義直《よしなお》）と十男の頼将《よりまさ》（頼宣《よりのぶ》）が、従四位下・少将に叙任され、堀忠俊《ただとし》（秀治の子）と里見忠義《ただよし》（義康の子）が従五位下・侍従に叙任されて公家成大名になっている。京極忠高・堀忠俊・里見忠義は、いずれも家督相続をうけてのことなので、公家成大名家の当主については、引き続き公家成にするという方針がとられていたとみなされる。

しかしそうはいっても、徳川家一門以外については、新たな公家成大名は、既存の公家成大名家を対象にしたものでしかなかった。その後でも、同十四年に池田輝政五男の忠継（母は家康次女・督）を従五位下・侍従（すぐに従四位下に昇叙）に、同十六年に家康十一男の松平頼房《よりふさ》を従四位下・少将に、元和元年（一六一五）に秀康次男の松平忠昌《ただまさ》を従五位下・侍従（すぐに従四位下に昇叙）に、井伊直孝（直継の弟）を従四位下・侍従に叙任させているが、徳川家一門以外については、池田忠継は家康外孫として、井伊直孝は、父直政《なおまさ》がすでに羽柴政権期に侍従に任官されていて、同家当主になったことにともなうものであったから、それらも既存の公家成大名家の枠内にあるものとみてよかろう。

　また官位昇進についても、慶長十六年に徳川義利《よしとし》（義直）・同頼将が正四位下・参議、最上義光が従四位下・少将、同十七年に池田輝政が正四位下・参議、同十九年に前田利光が従四位下・少将に、そして元和元年に松平忠直・前田利光・伊達政宗が正四位下・参議に、それぞれ昇進している。ここでは徳川家一門の徳川義利・同頼将・松平忠直が参議にのぼり、池田輝政（ただし慶長十八年に死去）・前田利光・伊達政宗も同じく参議にのぼり、最上義光（ただし慶長十九年に死去）が少将にのぼっている。いずれも家康と政治的に親密な関係にあった大名たちであり、官位昇進はそうした大名に限られていた状況にあった、ととらえられる。

　それでもそれらの官位昇進によって、羽柴政権以来の大名序列は大きく変化をみるようになっている。家康の死去時には、諸大名筆頭の中納言には、羽柴政権以来の前田利長（ただし隠居）・上杉景勝・毛利宗瑞（ただし前官）という羽柴政権以来の者たちがい続けていたが、続く参議には、羽柴政権以来の細川忠興・丹羽長重（ただし当時は小名《しょうみょう》）・毛利秀元（ただし当時は毛利家一門の立場）に、徳川義利・同頼将・松平忠直の徳川家一門、前田利光・伊達政宗、続く少将に、羽柴政権期以来の島津家久に、松平忠輝・同頼房の徳川家一門、福島正則が続くようになっている。その結果、徳川家一門の政治的地位は諸大名中で高位を占めるようになり、それに続いて前田家・伊達家・細川家・福島家が続く、という状態になった。同じ官位をもとにした政治秩序ではあったが、羽柴政権期とは明らかに構成員に変化がみられるようになっている。

新たな国持大名の基準

そうしたなかで、新たな国持大名の基準が作られていった。羽柴政権期においては、有力大名の指標は、羽柴苗字・公家成大名に置かれていた。国持大名として、羽柴家譜代系でも阿波蜂須賀家・讃岐生駒家が存在してはいたものの、あくまでも羽柴家譜代として、それらとは同列にはされていなかった。

家康は将軍任官後に、先に触れたように、羽柴家譜代系の国持大名九人すべてについて、従四位下・領国受領名を与えたが、それは国持大名という政治的地位を重視するようになっていたことを意味しよう。それまでは羽柴苗字・公家成大名が有力大名の基準であったが、国持大名ではなかった羽柴苗字・公家成大名が著しく減少した結果であろうか、公家成大名かどうかを問わず、国持大名であることが有力大名の指標とされる状況がみられはじめた、といえるであろう。

慶長十六年（一六一一）四月に、家康は、当時在京していた西国の国持大名から起請文《きしょうもん》を提出させているが、そこには、官位順に、細川忠興・松平忠直・池田輝政・福島正則・島津家久・森忠政・前田利光・毛利秀就《ひでなり》（宗瑞の子）・京極高知・同忠高・池田輝直《てるなお》（利《とし》隆《たか》）・加藤清正・浅野幸長・黒田長政・藤堂高虎・蜂須賀至鎮・山内忠義《ただよし》（一豊の養子）・

の二二人が連署している（『新訂　徳川家康文書の研究　下巻之二』六六二～五頁）。いずれも一国を領知する国持大名であった。このうち金森可重は、飛騨《ひだ》の国持大名であったが、領知高は三万八七〇〇石にすぎなかった。ここでは国持大名として括《くく》られているが、その後はその枠からは外れていく。領知高があまりに少ないからとみられる。

次いで同十七年正月、秀忠が東国の国持大名から起請文を提出させているが、そこには、おおよそ官位順に、上杉景勝・松平忠直・丹羽長重・伊達政宗・立花宗茂《たちばなむねしげ》・佐竹義宣・蒲生秀行・最上義光・里見忠義・南部利直・津軽信枚《つがるのぶひら》の一一人が連署している（同前書六八一～二頁）。そのうち丹羽長重・立花宗茂は、当時は小名にすぎなかったものの、公家成大名であるために署名に加えられたのであろう。公家成大名でなかったのは、南部利直と津軽信枚であり、そのうち津軽家は領知高は四万石にすぎなかったが、北奥の有力大名として署名に加えられたのであろう。丹羽・立花・津軽各家については、他の大名家とは同列には扱われないことが普通であった。

そして「駿府記《すんぷき》」慶長十八年正月三日条（『史籍雑纂《しせきざつさん》　第二』二三九～四〇頁）には、家康に年頭出仕した「国持衆」として、おおよそ官位順に、前田利長・上杉景勝・毛利宗瑞・池田輝政・島津家久・伊達政宗・佐竹義宣・蒲生忠郷・京極忠高・同高知・南部利直・最上義光・森忠政・毛利秀就・細川忠利・池田玄隆《はるたか》（利隆）・浅野幸長・蜂須賀至鎮・福島正則・黒田長政・堀尾忠晴・山内忠義・田中忠政・鍋島勝茂・加藤嘉明・生駒正俊の二六人があげられている。ここまで国持大名としてみられていなかった者に、加藤嘉明が含まれている。この時の加藤嘉明は、伊予《いよ》松山一九万石余を領知する存在で、いわば明確に一国を領知する国持大名ではなく、半国主であった。しかしそれもここでは「国持衆」として扱われていた。

ここから半国主も、国持大名として括られるようになっていたことがうかがわれる。そうした立場にあった者に、ここにはあがっていないが、伊予宇和島《うわじま》一〇万石余の伊達秀宗《ひでむね》(政宗の庶長子)・肥前唐津《からつ》一二万石余の寺沢広高があり、彼らも含まれた、とみなされる。そして南部利直の領知高は一〇万石であったから、半国主や領知高一〇万石以上が、他の小名と区別された「大名」として認識されるようになったことがうかがわれる。

こうして家康による外様大名統制において、有力大名の指標として、かつての羽柴政権期における羽柴苗字・公家成大名ではなく、国持大名・領知高一〇万石以上というのが、設定されるようになった、とみなされる。そして家康は、それら外様国持大名に対して、秀忠将軍任官後に、新たな対処をすすめていった。具体的には、松平苗字を与えて徳川将軍家の身内化をすすめていくこと、婚姻関係を結んで親密な政治関係を形成していくこと、であった。それについてそれぞれ第二章・第三章で本格的に取り上げていくことにしよう。

第二章　家康と秀忠から松平苗字を与えられた人々

前田利光への松平苗字授与

徳川秀忠の将軍任官にともなっておこなわれた、外様国持大名の官位昇進のなかに、加賀一一九万石を継承した前田利光（利常、一五九三〜一六五八）があった。そしてその際に、利光は秀忠から松平苗字《みょうじ》を与えられている。これが家康・秀忠が、外様国持大名に松平苗字を与えた最初の事例である。

前田利光の侍従任官は、前田家の家督交替にともなっておこなわれたものであった。その経緯について「当代記」（『史籍雑纂《しせきざつさん》 第二』所収）には、慶長十年（一六〇五）四月上旬に前田利長（羽柴肥前守《ひぜんのかみ》・加賀中納言）は、弟で養嗣子の犬丸（もと猿）をともなって上洛し、伏見で家康、次いで秀忠への出仕を遂げ、それをうけて利長は帰国し、犬丸は伏見に在所した、と記されている（前掲刊本八八頁）。これは前田家の家督が、利長から利光に交代されたことを意味した。そして四月八日に、利光は元服し、従《じゅ》五位下・侍従に叙任され、公家成《くげなり》した。その時の口宣案《くぜんあん》が次のものである。

後陽成天皇口宣案写（「柳原家記録」所収「総光卿符案御教書等」木下前掲書一六四頁）

上卿大炊御門大納言（経頼）

慶（長十年四月八日）　　源利光
叙従五位下
任侍従
（蔵人頭左中弁藤原（広橋）総光奉）

この口宣案で注目されるのは、利光の本姓が源姓で記されていることである。それ以前の羽柴（豊臣）政権期であれば、豊臣姓でおこなわれたはずであるが、ここではそうではなく、源姓に変わっている。しかも前田家の本姓はこの後の江戸時代では菅原姓が使用されるのであるが、ここではそうもなっていない。そのためここで利光が源姓を使用しているのは、元服・叙任とともに、源姓松平苗字を与えられたことにともなうと考えられる。利光はこの元服後に、「松平筑前守」を称しているが、それは元服にともなって、家康・秀忠から松平苗字と受領名《ずりょうめい》筑前守（かつて実父前田利家の通称）を与えられたことを示している。具体的に苗字・通称授与を示す文書は残されていないが、以後の他大名の事例を踏まえると、そのように理解することができる。

これについては「慶長日記」（浅草文庫本）にも、「四月八日（中略）前田猿千代（利光）元服、松平氏を賜る、叙従五位下、任侍従、兼筑前守、十三歳」と記されている（『大日本史料』一二編三冊八三頁）。ただし『時慶記《ときよしき》』同年四月十四日条（時慶記研究会編刊本四巻四三頁）には、利光は同日に公家成したことが記されている。そうすると口宣案の日付は、他の公家成大名の場合とあわせて四月八日に統一されたものかもしれない。なお「加賀藩歴譜」では五月十一日と記していて（前掲大日本史料八四頁）、そのため利光の元服・叙任などは五月ととらえられることが多いが、利光は秀忠の将軍任官にともなう参内に供奉《ぐぶ》したであろうから、叙任は四月中のこととみてよいであろう。

利光は文禄二年（一五九三）に前田利家の四男として生まれているので、この時には一三歳であった。慶長五年の関ヶ原合戦の結果、利長は後継者を、それまでの弟利政《としまさ》から利光に代えて、利光と秀忠次女・子々《ねね》（のち珠《たま》、天徳院、一五九九〜一六二二）を結婚させることを取り決めている（大西泰正編『前田利家・利長』三八頁）。通説では、翌同六年九月に、結婚はおこなわれたととらえられている。「当代記」にも、「北国の主羽柴肥前（利長）息へ大納言秀忠公の息女を祝言有り〈年三歳〉」と記されている（前掲刊本七六頁）。子々は慶長四年生まれであったから、その時にはわずか三歳にすぎなかったことになる。

ただしこの結婚時期については、大西泰正氏によって疑問が出されている（前掲大西編書五六頁）。慶長十年比定の四月十三日付の大野《おおの》治長《はるなが》書状写に、利光（「筑前」）の駿府・江戸への下向予定と、「姫君様（子々）御祝言」がみえていることから、結婚はその頃のことと考えられるという。この年であれば、子々は七歳になっている。結婚を慶長六年としているのは、すべて後世成立の史料である。それに対して当時の史料で結婚がこの時のこと記されているのであるから、時期についてはこちらを採用するのが妥当である。ただし秀忠が江戸に帰還するのは六月四日のことというから（「当代記」前掲刊本八九頁）、利光の江戸下向はその後のことであり、結婚とそれによる子々の加賀行きも、その後のことと考えられる。江戸時代成立史料では、子々の加賀行きを、七月一日江戸出発、九月晦日《みそか》金沢到着と伝えていることからすると（福田千鶴『江の生涯』など）、その日程は、慶長十年のことと考えられるであろう。

利光は、秀忠の将軍任官にあわせて前田家の家督を相続し、わずか一三歳にして外様国持大名家の当主になった。同時に元服して、従五位下・侍従に叙任され、公家成大名とされた。さらには松平苗字を与えられて、「松平筑前守」を称することになった。苗字の授与者は、まだ秀忠が将軍に任官する前のことになるから、それは家康と考えてよいと思われる。そして利光が松平苗字を与えられたことは、徳川家が外様国持大名に対して松平苗字を授与した事例として、最初のものとなっている。ここに松平苗字を称する外様国持大名が誕生することになった。これは極めて画期的な事態ととらえられる。しかも前田家は、それまでは羽柴苗字を称しており、隠居した利長はその死去まで羽柴苗字を称し続けている。それはすなわち、前田家は羽柴苗字から松平苗字へと改称されたことになる。そこに羽柴（豊臣）政権から徳川政権への変化を端的にみることができる。

なお利光はその後、元和元年（一六一五）閏《うるう》六月十九日に正四位下・参議に任官し、以後は「加賀宰相」を称した。寛永三年（一六二六）八月十九日に従三位・権中納言に任官して、以後は「加賀中納言」「金沢中納言」を称した。同六年四月に嫡男・光高《みつたか》が元服する以前に、実名を「利常」と改名し（「松平筑前守利常」と署名する文書がある〈『千秋文庫所蔵佐竹古文書』三七五号〉）、光高の元服にともなって、受領名を、父利長が称していた肥前守に改称し、以後は「松平肥前守」を称している。同十六年六月に隠居して、家督を光高に譲り、加賀小松城を本拠としてからは「小松中納言」を称した。正保《しょうほう》二年（一六四五）四月に当主光高が死去したため、家督はその嫡男・綱利《つなとし》に継承されるが、年少であったため、利常はその後見を務めた。そして万治元年（一六五八）十月十二日に、六六歳で死去した。

松平苗字を授与された外様国持大名

この利光への松平苗字を皮切りに、徳川家は相次いで外様国持大名に松平苗字を授与するようになる。その状況を、三代将軍家光の寛永二十年（一六四三）までについて一覧すると、次のようになる。

松平苗字を授与された外様国持大名・同庶子（寛永二十年まで）

被授与者・通称　家康・秀忠との関係　授与日

①前田利光（利常）
松平筑前守・肥前守　秀忠娘婿　慶長十年四月八日
②堀忠俊
松平吉五郎・越後守　家康養女（家康外曾孫）婿　慶長十一年十一月十一日
③蒲生秀行
松平飛騨守　家康娘婿　慶長十二年？四月十六日
④池田輝直（利隆）
松平武蔵守　家康外孫婚約・秀忠養女婿　慶長十二年六月二日
⑤伊達政宗
松平陸奥守　家康子岳父　慶長十三年正月
⑥毛利秀就
松平長門守　秀忠養女（家康孫）婿　慶長十三年九月十三日
⑦中村忠一
松平伯耆守　家康養女（家康姪）婿　慶長十三年十月六日
⑧蒲生忠郷
松平下野守　家康外孫　慶長十三年
⑨池田忠継

松平左衛門督　家康外孫　慶長十四年四月十八日
⑩池田忠長（忠雄）　家康外孫　慶長十四年四月十八日
松平宮内少輔
⑪池田輝澄　家康外孫　慶長十四年四月十八日
松平左近・石見守
⑫山内忠義　家康養女（家康姪）婿　慶長十五年三月一日
松平土佐守
⑬伊達忠宗　政宗嫡男・家康娘婚約・秀忠養女（家康外孫）婿
松平美作守・越前守・陸奥守　慶長十六年十二月十三日
⑭池田政綱　家康外孫　慶長十六年カ
松平岩松・右京大夫
⑮池田輝政　家康娘婿　慶長十七年十月六日
松平三左衛門尉
⑯黒田忠長（忠之）
松平右衛門佐・筑前守　家康養女（家康外姪）子・秀忠養女（家康外曾孫）婚約・秀忠養女（家康姪孫）婿

⑰蒲生忠知　慶長十八年正月二十一日
松平中務大輔　家康外孫　慶長十八年カ
⑱池田輝興
松平古七郎・右近大夫　家康外孫　慶長十九年カ
⑲蜂須賀至鎮
松平阿波守　家康養女（家康外曾孫）婿　元和元年正月十一日
⑳池田光政
松平新太郎　利隆嫡男・秀忠養女子・秀忠養女（秀忠外孫）婿　元和三年三月六日以前
㉑島津家久
松平薩摩守・大隅守　元和三年九月一日
㉒蜂須賀忠鎮（忠英）
松平千松・淡路守・阿波守　至鎮嫡男・家康養女（家康外曾孫）子　元和六年八月二十八日以前
㉓鍋島忠直
松平肥前守　家康養女（家康姪孫）子　元和八年十二月二十六日

㉔山内忠豊
松平伊右衛門・対馬守　忠義嫡男・家康養女（家康姪）子　元和九年九月十日以前
㉕浅野光晟
松平安芸守　家康外孫　寛永四年八月二十六日
㉖池田恒元
松平備後守　利隆次男・秀忠養女子　寛永五年正月二十八日
㉗前田光高
松平筑前守　秀忠外孫　寛永六年四月二十三日
㉘加藤光正
松平豊後守　秀忠養女（家康外孫）子　寛永七年
㉙島津光久
松平薩摩守　家久嫡男　寛永八年四月一日
㉚前田利次
松平淡路守　秀忠外孫　寛永八年十二月二十七日
㉛池田光仲
松平勝五郎・相模守　忠雄嫡男（家康外孫）　寛永九年四月四日以前
㉜前田利治

松平飛騨守　　秀忠外孫　　寛永十一年十二月十五日
㉝伊達光宗
松平越前守　　忠宗嫡男（家康外曾孫）　寛永十六年四月十四日

全部で一四家三三人が確認される。そのうち家康生前におけるものは一〇家一九人であるが、それで大半を占めている。続く秀忠生前期に、新たに授与された外様国持大名は、四家がみられていて、以後は新たに授与された外様国持大名はみられていない。秀忠死後では、すでに松平苗字を授与されていた外様国持大名家について、新たな当主ないし嫡男に授与されているにすぎない。このことから外様国持大名への松平苗字授与は、家康・秀忠によってすすめられたもので、秀忠生前に完成を迎えたととらえられる。

最初に松平苗字を授与されたのは、前田利光であったが、その理由は、利光が新将軍となる秀忠の娘婿になることが契約されていたためと思われる。先に述べたように、利光は関ヶ原合戦直後に秀忠次女・子々との結婚が取り決められて、秀忠の将軍任官後に、結婚がおこなわれたと推定された。そもそも利光の家督相続自体、新将軍の娘婿となる者を当主とするためおこなわれたと考えられる。そして娘婿となることをもって、松平苗字を与えられたととらえられる。

利光と子々のあいだには、慶長十八年に長女・亀鶴《かめつる》（森忠広《もりただひろ》妻）、元和元年（一六一五）

に嫡男・光高、同二年に次女・小姫、同三年に次男・利次《としつぐ》、同四年に三男・利治《としはる》、同五年に三女・満《まん》（浅野光晟《あさのみつあきら》妻）、同七年に四女・富《ふう》（八条宮智忠《としただ》親王妻）、同八年に五女・夏が生まれるが、男子はいずれも元服にともなって、松平苗字を与えられることになる。それはいずれも秀忠の外孫にあたるためとみなされる。

ただし利治については、子々による安産祈願の事例（亀鶴・小姫・利次）や、それとの出産状況の関係から、子々の実子ではなかった可能性も指摘されている（福田千鶴『徳川秀忠』）。さらにこのことを応用すると、嫡男・光高も子々所生の小姫の一年前の誕生のため、子々の実子ではなかった可能性がある。のちの寛永六年（一六二九）に、光高と秀忠長女・千《せん》との結婚が取り沙汰《ざた》された際、光高母（「筑前殿御母」）が強く反対したことが伝えられている（『細川家史料九』三三一号）。子々はこれ以前に死去しているので、ここからすると、光高の母は子々とは別人であった可能性がある。これらのことの当否は今後の検討課題といえるが、とはいえ光高・利次・利治は、公的には秀忠の外孫として扱われた。

彼らはいずれも元服前まで、大御所になっていた秀忠の西の丸に出仕していて、年頭礼などにおいて、徳川家有力分家の尾張家・紀伊家・水戸《みと》家に次ぐ序列で出仕していた。家督相続後の光高は、徳川三家に次ぎ、「家門」筆頭の越後《えちご》家松平光長《みつなが》（松平秀康の嫡孫）と同列に位置していた（木越隆三『隠れた名君　前田利常』）。さらに江戸城で一門衆のみが参加できる行事に、前田家（利常・光高）が参加していることがみえており、三代将軍家光期において、前田家は徳川将軍家の一門衆に位置付けられていたことが明らかになっている（野口朋隆『徳川将軍家 総論編』）。

これらのことはすなわち、利光（利常）とその子は、利光が秀忠の娘婿、その子は秀忠の外孫ということで、徳川将軍家の一門衆として処遇されたこと、いわば徳川家の身内化したことを示している。そうすると利光への松平苗字授与は、秀忠の娘婿となる利光を、徳川家の一員とすることにともなうものであった、ととらえられる。家康は、婚姻関係を結ぶ外様国持大名を、徳川家の一員化するにあたって、徳川家一門衆の苗字である松平苗字を与えた、と考えることができるであろう。そしてその男子は、徳川家の外孫であることをもって、やはり一門衆として位置付けられた、と考えられる。

前田利光への松平苗字授与を皮切りに、他の外様国持大名にも相次いで松平苗字が授与されていく。以下では家康生前における事例それぞれについて、具体的な事情をみていくことにしたい。

羽柴苗字から松平苗字への改称

家康生前において、松平苗字を授与された外様国持大名のうち、羽柴苗字から改称されているものに、越後堀家・陸奥会津蒲生家・播磨池田家・陸奥仙台伊達家・長門《ながと》毛利家の五家六人がみられている。先に取り上げた加賀前田家も、前当主は羽柴苗字を称していて、新当主に松平苗字を与えているものになるので、同じく羽柴苗字から松平苗字への改称ととらえてよいであろう。

①堀忠俊

前田利光に続いて松平苗字を与えられたのは、堀忠俊（一五九六〜一六二一）である。忠俊は、堀秀治（羽柴左衛門督《さえもんのかみ》・越後侍従）の嫡男で、慶長元年（一五九六）生まれである。秀治が同十一年五月二十六日に三一歳で死去したため、一一歳で元服して家督と領知を継いだ。当初は、羽柴苗字・仮名吉五郎・実名秀俊を称し、羽柴吉五郎秀俊を名乗った。なお前著『羽柴を名乗った人々』では、実名を「秀隆」としていたが、その後、典拠史料でも「秀俊」であることを指摘されたように、誤認であった。ここに訂正しておく。

「羽柴秀俊」として確認されるのは、同年十月九日のことであるが、それから一ヶ月後の十一月十一日に、秀忠から松平苗字と「忠」字の偏諱《へんき》を与えられ、従五位下・侍従・越後守に叙任された（「慶長見聞録案紙」『内閣文庫所蔵史籍叢刊65』所収、三三頁）。その時の一《いち》字書出《じかきだし》が残されている。

徳川秀忠一字書出（「堀文書」『大日本史料』一二編四冊一四二頁）

忠

慶長十一
十一月十一日　（徳川秀忠）（花押）
松平吉五郎とのへ

堀忠俊は、まず松平苗字と「忠」字を与えられて、「松平吉五郎忠俊」に改称し、そのうえで公家成大名にされるという手順がとられたとみなされる。そうして「松平越後守忠俊」を称した。この忠俊の場合は、外様国持大名家の家督相続にともなって、松平苗字・偏諱を与えられ、公家成大名にされたかたちになっている。さらに同時に、家康の養女とされた本多《ほんだ》美濃守忠政《ただまさ》の娘・国《くに》（一五九五～一六四九、栄寿院《えいじゆいん》、家康外曾孫《がいそうそん》、松平信康《のぶやす》外孫）と結婚した。結婚の時期については明確ではないが、「信濃飯田堀家譜」（前掲大日本史料一四一頁）では、松平苗字・「忠」字拝領と同時のことと記している。しかし「当代記」（前掲刊本一六一頁）には、「去る未《ひつじ》の年（慶長十二年）、大御所（家康）に嫁し、養子有りて遣わさる」と記されていることからすると、結婚は慶長十二年のことであったととらえられる。また国は、その時に家康の養女にされたとみなされる。

忠俊が松平苗字を与えられたのは、家康養女との結婚よりも以前のことであった。そうすると家康・秀忠は、年少の外様国持大名の出現をうけて、松平苗字を与えたととらえられる。この場合は、松平苗字を与えることに主眼があったことになる。そのうえで、密接な関係を形成するために、養女との婚姻をおこなったと考えられる。

しかし忠俊は、家中統制をうまくおこなえず、そのために同十五年閏二月二日に改易されてしまう（「慶長見聞録案紙」「当代記」『大日本史料』一二編七冊一頁）。忠俊は徳川家譜代の鳥居忠政に預けられ、やがて元和七年（一六二一）十二月二十二日に二六歳で死去した。国は改易にともなって離縁され、家康の駿府に引き取られたうえで、慶長十五年十一月に肥前日野江《ひのえ》四万石の有馬晴信《ありまはるのぶ》の嫡男直純《なおずみ》（一五八六～一六四一、のち日向延岡《ひゅうがのべおか》五万三千石）に再嫁した（「当代記」前掲刊本一七〇頁）。そして慶安二年（一六四九）二月二十九日に五五歳で死去している。有馬直純は松平苗字を与えられていないので、堀忠俊が松平苗字を与えられたのは、家康養女の婿になるからではなく、やはり外様国持大名であったから、と考えられる。

②蒲生秀行
蒲生秀行（一五八三～一六一二）は、陸奥会津六〇万石の国持大名で、「羽柴飛驒守」「会津侍従」を称していた。妻は家康三女・振《ふり》（正清院《しょうせいいん》殿、一五八九～一六一七）で、すでに文禄四年（一五九五）二月九日には、羽柴秀吉の取り成しによって婚約し、翌慶長元年（一五九六）十二月二十八日に結婚していた。そのあいだには、同七年に長女（琴《こと》・宗法院《そうほういん》殿、加藤忠広《かとうただひろ》妻）、同八年に嫡男・忠郷、同十年に次男・忠知《ただとも》が生まれている（拙稿「家康

の妻と子どもたち」拙編『徳川家康とその時代』所収)。

秀行が松平苗字を授与されたことについては、「氏郷記《うじさとき》」に、慶長十二年に、家康が駿府城に移る(二月二十九日江戸城出発)以前、秀忠から与えられたとし、「大永慶長年間略譜」では四月十六日に、秀忠から与えられたとして、一致していない。確実な史料で確認できるのは、同十五年十一月十一日付で以心崇伝《いしんすうでん》が秀行に宛てた書状の宛名に「松平飛騨守」とあるものになり(「本光国師日記」)、苗字改称に関わる確実な史料がみられていないため、時期については確定できないのが現状である(尾下成敏「蒲生氏と徳川政権」谷徹也編『蒲生氏郷』所収)。

旧著『羽柴を名乗った人々』では、慶長十二年二月から四月頃に、松平苗字を与えられたと記したが、実際にはもっと下る可能性もある。そのことをうかがわせる事柄の一つ目は、家康四男松平忠吉の死後に出された、忠吉の朱印状写の存在である。

松平忠吉朱印状写(「秋田藩家蔵文書四二」)

仰せ出さるる覚え、

一、羽柴飛騨守(秀行)殿御子息亀千代(蒲生忠郷)殿もらい申し候使い、仕るべく候事、

一、岡半兵衛と相談仕るべく候事、

一、家中目付の事、

一、せいしの通り有り様申し上げるべく候事、
一、加増として七百石の事、
一、鉄炮の者三十人預けの事、
一、もりの事、
右の分、別儀無き者也、
慶長十二年　　薩摩守（松平忠吉）
八月四日　朱印
門屋儀大夫

松平忠吉は、尾張五二万石を領知した有力な徳川家一門衆であったが、慶長十二年三月五日に二八歳で死去した。実子がなかったため、その領知の大半（四三万石）は、同年閏四月二十六日に、弟で家康九男の義知（のち義利《よしとし》・義直）に継承された、とされている（「当代記」前掲刊本一〇四頁）。ところが同文書は、付け年号が正しければ、忠吉が死去してから半年後に出されたものになる。写本のため誤写の可能性もあるが、現状ではその記載を尊重せざるをえないと思われる。

宛名の門屋儀大夫《かどやぎだゆう》は忠吉家臣で、この後には蒲生秀行の家臣になっている。この文書の一条目に、蒲生秀行の長男・亀千代（のち忠郷）を、忠吉の養子に迎えることが記されて

いる。このこと自体、極めて注目される事実である。蒲生忠郷は、家康の外孫にあたったが、男系子孫ではない。にもかかわらず有力一門衆の家督継承が予定されていたことになる。このことから外孫は身内として扱われており、場合によっては徳川家一門衆を継承することも可能であったことがわかる。ここでの問題は、秀行についての表記で、「羽柴飛驒守」とある。この文書の年紀が正しければ、秀行は慶長十二年八月時点でなお、羽柴苗字を称していたことになる。

二つ目は、秀行が「松平飛驒守」を称する以前に、その通称を称していた、奥平信昌《おくだいらのぶまさ》三男の忠政《ただまさ》の存在である。忠政は、当初は徳川家譜代の菅沼《すがぬま》家を継承していたが、家康の外孫（母は家康長女・亀《かめ》）のため、松平苗字を与えられ、慶長七年に実父信昌の隠居により、その領知・美濃加納一〇万石を継承していた。その忠政は、同十五年春に、通称を飛驒守から摂津守に改称したことが、「当代記」（前掲刊本一六七頁）に記されている。これが事実とすれば、慶長十五年春までの「松平飛驒守」は、忠政にあたり、秀行がその通称を称するのは、忠政が通称を摂津守に改称したのちのことと考えられる。

もっとも秀行は国持大名、忠政は大身譜代大名と、政治的地位は異なっているので、同じ通称を称することは、ありえなくはないかもしれない。しかし忠政も、家康外孫というように徳川将軍家には極めて親しい存在であったことからすると、やはりそれは難しいようにも思われる。その場合には、秀行が松平苗字を与えられたのは、慶長十五年夏以降のことになる。もしかしたら「大永慶長年間略譜」が伝える四月十六日という日付は、慶長十五年のことかもしれない。

ちなみに先に触れたように、同十五年十一月の以心崇伝の書状では、「松平飛驒守」と記されていたから、その時には松平苗字を与えられていたことは確実である。同十六年三月の「慶長十六年禁裏御普請帳」にも、秀行について「同（松平）飛驒守」と記されている。なお九月十日付秀忠年寄衆連署書状（「松前文書」『新訂 徳川家康文書の研究 下巻之二』三九五頁）の年代について、収録史料集は慶長九年に比定しているが、「松平陸奥守（政宗）」がみえているので、慶長十三年以降にあたることは間違いなく、さらに「松平飛驒守」として秀行がみえているので、秀行が死去する同十七年五月以前となる。秀行の松平苗字改称が同十五年であったとすれば、同文書の年代は、慶長十五年もしくは同十六年にあたることになろう。

秀行は、同十七年五月十三日に三〇歳で死去した（「当代記」前掲刊本一八〇頁）。家督は嫡男・忠郷に継承され、家政はしばらく後室の振が後見するが、振は元和元年（一六一五）十二月に、家康によって浅野長晟《ながあき》と結婚することが取り決められ、蒲生家と離縁されることになる。忠郷・忠知はともに、振の所生のため、松平苗字を与えられている。また長女・宗法院殿は秀忠養女とされて、肥後加藤忠広の妻になっている。

③池田輝直（利隆）

池田輝直（一五八四～一六一六）は、播磨五二万石の池田輝政（羽柴三左衛門尉《さんざえもんのじょう》・播磨少将）の嫡男で、母は輝政の先妻・中川清秀《なかがわきよひで》娘であった。すでに羽柴政権期から嫡男として存在し、「新蔵《しんぞう》照直」を称していた。慶長八年（一六〇三）からは、弟忠継が年少のため、それに代わって備前支配を担って、事実上の備前の国持大名として存在している。そして同十年の秀忠の将軍任官にともなって、四月八日に従五位下・侍従・右衛門督に任官して公家成大名になり、「羽柴右衛門督」「備前侍従」を称していた。

またそれより以前の慶長七年までに、輝政の後妻で家康次女・督（良正院《りょうしょういん》殿）の、先夫・北条氏直《ほうじょううじなお》とのあいだに生まれていた娘（宝珠院《ほうじゅいん》殿）と婚約していたが、宝珠院殿は慶長七年二月二十八日に死去してしまっていた（拙著『戦国大名・北条氏直』）。婚約の時期は明確ではないが、少なくとも関ヶ原合戦以降のことであったろう。家康は、娘婿で西国大身大名とした輝政の嫡男に、外孫と結婚させることで、池田家との関係の親密化を図ったのだろうと思われる。

輝直は、侍従任官をうけて、秀忠の養女・榊原康政娘（鶴《つる》、福照院《ふくしょういん》、一五九四～一六七二）と結婚した。『池田家履歴略記』では、慶長十年五月三日のことと記している（日本文教出版影印刊本六四頁）。橋本政次氏は同日を婚約ととらえ、結婚は同年のうちにおこなわれたととらえている（『姫路城史　上巻』）。両者のあいだには、同十四年に嫡男・光政、同十六年に次男・恒元《つねもと》、某年に次女・長《なが》（山内忠豊《やまうちただとよ》妻）が生まれている。

そして同十二年六月二日に、秀忠から松平苗字と受領名武蔵守を与えられ、実名もそれまでの「照」字を「輝」字に改めて、「松平武蔵守輝直」を称した。この松平苗字・武蔵守拝領の日時については、「寛政重修諸家譜」・「岡山池田家譜」（『大日本史料』一二編二五冊一七七～九頁）など、系譜史料にのみみられているにすぎない。ただし岡山池田家に伝来された「口宣案・宣旨等覚書」（「池田文庫文書」）のなかに、次の記載がみられている（『早稲田大学図書館紀要』四五号一八五頁）。

秀忠公御書判

一、慶長十年六月二日　一通

加冠　宜《よろ》しく松平武蔵守に任ずべし

これは、秀忠が輝直に宛てて、「松平武蔵守」に任じた判物《はんもつ》の存在を示すものになる。文書そのものは現存していないが、あとで取り上げる毛利秀就宛・中村忠一宛・山内忠義宛の受領状と同形式のものであったと推定される。したがってこの記載から、慶長十年六月二日付で、秀忠は輝直に宛てて、「松平武蔵守」に任じる旨の受領状を出していた、ととらえられる。

さらに付け加えれば、同年十月四日付で家康から輝直に出された御内書の宛名は「松平武蔵守」とされていること（拙著『近世初期大名の身分秩序と文書』一三六頁）、父輝政も、同時に「照」字を「輝」字に改めていて、それは同年閏四月から七月までにおけることから（同前書八八頁）、改称が六月二日というのは妥当ととらえられる。

これにより輝直は、羽柴苗字から松平苗字に改称している。輝直は備前の国持大名として存在していたから、これも外様国持大名で羽柴苗字から松平苗字に改称した事例とすることができる。その前提には、家康外孫との婚約、秀忠養女との結婚があったから、それは輝直を徳川将軍家の身内化するためのものであった、ととらえられる。さらに与えられた武蔵守は、それ以前においては秀忠の通称であったし、そもそも徳川将軍家の本拠の国名にあたっている。輝直がそれを与えられた、ということは、家康・秀忠が輝直を、まさに実子並みに処遇したことをうかがわせる。

慶長十八年正月二十五日に父輝政が死去したことをうけて、家督を継承し、領知は播磨四二万石を与えられた。なお播磨五二万石のうち一〇万石は弟忠継に与えられている。以後は「播磨侍従」を称した。また実名も「玄隆」に改名している。実名についてはさらに、元和二年（一六一六）になると、「利隆」に改名している。そして同年六月十三日に三三歳で死去した。家督と領知は、嫡男・幸隆《よしたか》（のち光政）に与えられた。長男・光政と次男・恒元は、いずれも正妻・秀忠養女（鶴・福照院）の所生であったため、のちに元服にともなってともに松平苗字を与えられている。ここで庶子の恒元も松平苗字を与えられているのは、利隆が徳川将軍家の娘婿の扱いをうけていたことを示している。妻は徳川将軍家の実子ではなく、養女ではあったが、実子並みの扱いにあったととらえられる。また福照院所生の次女・長は、土佐山内忠豊の妻になっている。

④伊達政宗

伊達政宗（一五六七～一六三六）は、陸奥仙台六一万五千石の国持大名で、「羽柴越前《えちぜん》守」「大崎少将」を称していた。慶長十一年（一六〇六）十二月二十三日に、政宗長女・五郎八《いろは》（天麟院《てんりんいん》、一五九四～一六六一）が、家康七男・忠輝（一五九二～一六八三）と結婚して（「当代記」前掲刊本九七頁）、政宗は忠輝の岳父となっている。この結婚は、すでに慶長四年正月に、今井宗薫《いまいそうくん》の取り成しによって婚約されていたと伝えられるものになる（「記録抜書」『伊達政宗卿伝記史料』五七九頁）。さらに同十二年正月一日に、家康五女・市《いち》（一照院殿《いっしょういん》、一六〇七～一〇）が生まれると、その年のうちに家康は、政宗次男で嫡男の虎菊丸《とらぎくまる》（のち忠宗《ただむね》、一五九九～一六五八）と婚約を成立させた（「当代記」前掲刊本九八頁・「記録抜書」前掲刊本七一三頁）。

これらによって政宗は、家康実子の岳父、嫡男は家康の娘婿となることになり、徳川将軍家と密接な関係を結ぶ存在になっている。そのうえで同十三年正月に、秀忠から松平苗字と受領名陸奥守を与えられて、「松平陸奥守」を称したと伝えられている（「記録抜書」前掲刊本七一四頁・『大日本史料』一二編五冊四〇四頁）。これにより政宗は、羽柴苗字から松平苗字に改称した。それまで羽柴苗字から松平苗字に改称がみられた外様国持大名は、前田利光・蒲生秀行が徳川将軍家の娘婿、池田輝直がその養女婿であることと比べると、政宗は、徳川将軍家と姻戚《いんせき》関係にあったものの、政宗自身が婚姻関係にあったわけではない。したがって政宗への松平苗字授与は、東国随一の有力外様大名であったため、姻戚関係をもとに、徳川将軍家との関係を親密化するためにおこなわれたもの、ととらえられる。

政宗はこの後、元和元年（一六一五）閏六月十九日に正四位下・参議に叙任されて「大崎宰相」「仙台宰相」を称し、寛永三年八月十九日に従三位・権中納言に叙任されて「仙台中納言」を称するようになり、同十一年八月四日に、三代将軍家光から領知高六一万五千石の領知判物を与えられている（「伊達文書」『伊達政宗卿伝記史料』八四八・一一三四・一三一二頁）。そして同十三年五月二十四日に七〇歳で死去した。家督と領知は嫡男の忠宗に継承された。

⑤毛利秀就

毛利秀就（一五九五〜一六五一）は、長門・周防《すおう》三〇万石の国持大名で、「周防侍従」を称していた。羽柴政権期の慶長四年（一五九九）に、毛利輝元（羽柴安芸《あき》中納言）の嫡男とされ、元服して羽柴家から「秀」字の偏諱を与えられ、仮名藤七郎を称し、従五位下（のち従四位下）・侍従に叙任されて公家成大名になっている。これにより「羽柴安芸侍従」を称したとみなされる。しかし同五年の関ヶ原合戦によって、毛利家は安芸一二〇万石から長門・周防三〇万石に減知転封され、それにともなって羽柴苗字を廃し、本苗字の毛利氏を称した。輝元は出家して、法名宗瑞を称し、秀就も「毛利藤七郎」を称した。

またそれにともなって、毛利家の当主は、秀就に交替されたといってよい。もっとも毛利家ではしばらく、宗瑞と秀就の「両頭体制」がとられた。宗瑞から秀就に家督が継承されるのは、元和九年（一六二三）九月のこととみられている（光成準治『毛利氏の御家騒動』）。秀就は、慶長十六年の時点で「周防侍従」を称していて（『新訂　徳川家康文書の研究下巻之二』六六三頁）、長門の国名を冠した通称は寛永期からみられているので、そうした通称の在り方は、毛利家家督の在り方にともなっているのかもしれない。

ただ徳川将軍家との関係、すなわち対外的にみてみると、慶長十三年九月七日の時点では、「毛利藤七郎・宗瑞」と、両者が並んでみえている。ところが同十五年六月三日に尾張名古屋城普請知行役は、「松平長門守」と、秀就に宛てられていて、しかも単独でみえている（「当代記」前掲刊本一三五・一六五頁）。その間に、徳川将軍家との関係では、秀就が単独で当主として扱われるようになっているとみなされる。

秀就は、関ヶ原合戦翌年の慶長六年九月に、江戸に下向し、その後しばらく江戸に在所した。まだ七歳であったから、これは事実上は、徳川家への人質となる。秀就が領国に帰国するのは、同十六年十一月まで下る（光成前掲書）。そのなかで同十三年七月十七日に、秀忠養女で、家康次男・松平秀康の娘（喜佐《きさ》・竜照院《りゆうしよういん》、一五九七〜一六五五）と結婚した（「福井松平家譜」「山口毛利家譜」「江氏家譜《こうしかふ》」など『大日本史料』一二編五冊六五六〜七頁）。両者の婚約は、前年七月三日には成立していて（同前書六五八頁）、同年九月三日には、翌年の婚儀が決定されている（同前書六五九頁）。そして同十三年六月十六日に、秀康娘・喜佐は、越前北庄《きたのしよう》から江戸に下向してきており、この時に秀忠養女の縁組みがされたとみなされる（「当代記」前掲刊本一一五頁）。したがって秀就と秀忠養女の結婚は、慶長十二年七月には取り決められ、同十三年七月におこなわれたことがわかる。

これにより秀就は、秀忠の養女婿となった。そのうえで同年九月十三日に、秀忠から松平苗字と受領名長門守を与えられて、「松平長門守」を称した。その時の受領状が次のものである。

徳川秀忠受領状写（「毛利文書」『大日本史料』一二編五冊七九九頁）

宜しく松平長門守に任ずべし

「台徳院秀忠公御判」

慶長拾三年九月十三日　花押

これによって毛利家は、松平苗字を称することになった。関ヶ原合戦までは同家は羽柴苗字を称していたから、これも羽柴苗字を称していた外様国持大名が、松平苗字に改称した事例になるといってよかろう。松平苗字授与の直前に、秀就は家康孫で秀忠養女と結婚しているので、まずは婚姻関係を形成して、毛利家との関係を親密化し、そのうえで松平苗字を与えたものになっている。これも毛利家を徳川将軍家の身内化するものといえるであろう。

秀就と喜佐のあいだには、四男三女が生まれたとされているが（時山弥八『稿本もりのしげり』〈国立国会図書館デジタルコレクション〉参照）、生年が判明しているのは、長女・登佐《とさ》（松平光長《みつなが》〈秀康嫡孫〉妻、一六一七〜七七）と、四男で嫡男の綱広《つなひろ》（一六三九〜八九）だけのようである。ただし綱広が生まれた時、喜佐は四二歳になっているので、実際には喜佐の子ではなかった可能性があると思われる。またそれまでに、松寿丸《しょうじゅまる》（元和九年死去）・和泉守（寛永四年死去）・大吉丸《だいきちまる》（同七年死去）が生まれているが、いずれも早世している。もし喜佐から生まれたそれら複数の男子が、無事に成長していたならば、池田利隆の場合と同じく、それらの男子は元服後に松平苗字を与えられたのかもしれない。

秀就はその後、寛永三年（一六二六）八月十九日に右近衛権少将に任じられ、「長門少将」を称す。そして慶安四年（一六五一）正月五日に五七歳で死去した。家督と領知は、嫡男の綱広に継承された。

⑥池田輝政

池田輝政（一五六四～一六一三）は、播磨五二万石の国持大名で、「羽柴三左衛門尉」「播磨少将」を称していた。実名は「照政」を名乗っていた。妻は家康次女の督（良正院殿、一五七五～一六一五）で、すでに文禄三年（一五九四）八月十五日に羽柴秀吉の取り成しによって婚約し、同年十二月二十七日に結婚していた。輝政と督とのあいだには、慶長元年（一五九六）から同十六年にかけて、同元年に長女・寿光院《じゅこういん》（京極高広《たかひろ》妻）、同四年に忠継《ただつぐ》（輝政五男）、同七年に忠長（忠雄）、同九年に輝澄《てるずみ》、同十年に政綱《まさつな》、同十二年に次女・振（伊達忠宗妻）、同十六年に輝興《てるおき》の五男二女が生まれている（拙稿「家康の妻と子どもたち」拙編『徳川家康とその時代』所収）。

慶長八年に家康から、五男ながらも督所生の長男である藤松丸（のち忠継）に備前二八万石を与えられ、合わせて八〇万石を領知するようになる。これは加賀・越中・能登三ヶ国一一九万石の前田家に次ぎ、越前六八万石の越前松平家を超える数値である。藤松は年少のため、先妻所生の嫡男・照直（輝直・利隆）に領国支配を担当させた。同十五年には家康から、六男で督所生の次男である忠長（忠雄）に淡路《あわじ》六万三千石を与えられ、合わせて八六万石を領知する存在になっている。

嫡男の輝直は、慶長十二年六月に、秀忠から松平苗字を与えられていた。それにともなって、実名の「照」字を「輝」字に改めて、「輝政」を名乗るようになっている。さらに五男の忠継、六男の忠長、七男の輝澄も、同十四年に、秀忠から松平苗字を与えられていた。その後もしばらくは羽柴苗字を称していたが、同十七年十月六日に、「今度松平に成させられ候、官も宰相（参議）に御転任に候」と、家康から松平苗字と参議の官職を与えられ（「本光国師日記」〈続群書類従完成会刊本『新訂本光国師日記』一巻三一四頁〉）、これにより羽柴苗字から松平苗字に改称し、以後は「松平三左衛門尉」「松平播磨宰相」を称した。

なお参議任官とそれにともなう松平苗字拝領について、「寛政重修諸家譜」などでは、同年八月二十三日に、秀忠から与えられたものと記しており（『大日本史料』一二編一〇冊六三七頁）、旧著『羽柴を名乗った人々』ではそれを踏襲していたが、「本光国師日記」の記事を尊重して、十月六日に家康から与えられたものと理解するのが妥当と考える。その後、輝政は上洛して十七日に朝廷に参内するが、それについて、「孝亮宿禰日次記《たかすけすくねひなみき》」同年十月十七日条（前掲大日本史料一五九頁）は、「羽柴少将（輝政）、当将軍家（秀忠）宰相に成され、松平を称す」と記していて、参議の官位と松平苗字の授与は、秀忠からおこなわれたように記されている。

「当代記」によれば、輝政は駿府・江戸下向のため、九月一日に伏見から近江野洲《おうみやす》に到り、十一日に駿府に到着して、十三日に家康に出仕、十五日に本丸で振る舞いをうけたあと、江戸に下向している（前掲刊本一八三頁）。そこに参議・松平苗字については触れられていない。「当代記」と「本光国師日記」で、輝政の駿府出仕の日時が異なっており、また参議・松平苗字の件については前者には記されていないため、正確な状況を把握しがたいが、史料の正確性から考えると、「本光国師日記」の内容を尊重するのが適切と考える。そのため、輝政が参議任官と松平苗字を拝領したのは、十月六日のことで、それは家康からであった、と理解しておきたい。またそれにより、大名への官位は、家康ないし秀忠によって決定され、それをうけて朝廷への参内があった、という手順であったことがわかる。

これによって輝政も、羽柴苗字から松平苗字に改称した。池田家としては、すでに嫡男・輝直（利隆）が羽柴苗字から松平苗字に改称していて、五男・忠継、六男・忠長（忠雄）、七男・輝澄が松平苗字を与えられていた。そのためここであえて輝政が松平苗字を与えられる理由はないようにも思われる。輝政の松平苗字拝領は、参議任官とあわせてのものであった。そうするとそこに意味があったと考えられる。

この時点で、諸大名のうちの最高官は中納言で、上杉景勝・前田利長がいたが、いずれも羽柴政権期での任官になる。それに次ぐのが参議で、羽柴政権期以来の細川忠興・丹羽長重・毛利秀元があり、江戸幕府成立後に任官したものに、徳川義利（義直）・同頼将（頼宣）があった。輝政の参議任官は、それに次いでの事例になる。ここで輝政が参議に任官されたのは、家康の娘婿であり、かつ前田家に次ぐ領知高を有した、有力大名であったためと考えられる。そのため輝政の存在は、徳川将軍家の身内として扱われ、それを明示するために、松平苗字を与えられた、と考えられるであろう。

ここまで羽柴苗字から松平苗字に改称した外様国持大名の事例について取り上げてきた。最初に松平苗字を与えられた前田利光（利常）の事例を含めて、それは六家におよんだ。授与の在り方について整理すると、前田利光は元服・家督相続、および秀忠娘との結婚にともなって、堀忠俊は家督相続・公家成にともなって、蒲生秀行・池田輝直（利隆）については明確な経緯は不明、伊達政宗は子どもの徳川将軍家との婚姻関係形成にともなって、毛利秀就は秀忠養女との結婚にともなって、池田輝政は参議任官にともなって、と一様ではない。ただ堀忠俊もその直後に家康養女と結婚していること、蒲生秀行・池田輝政はともに家康の娘婿であること、池田輝直は家康外孫と婚約、秀忠養女と結婚していたから、いずれも徳川将軍家と婚姻関係にあった、ないしそれが予定されていたことは共通していた、とみることができるであろう。

この結果として、関ヶ原合戦後も羽柴苗字を称していた大名のうち、六家が松平苗字に改称されたのであった。関ヶ原合戦後も羽柴苗字を称していたのは、伊達・蒲生・森・筒井・堀・加賀前田・丹後京極・丹波亀山前田・池田・小早川・福島・宗・長岡（細川）・

島津の一四家が存在していた。ただし毛利家は関ヶ原合戦にともなって羽柴苗字を廃していたので、ここには数えていない。そのうち筒井・亀山前田・小早川は絶家し、残る一一家のうち五家が松平苗字に改称された。それにより羽柴苗字のままで残ったのは、森・丹後京極・福島・宗・長岡（細川）・島津の六家にすぎなくなった。ちなみに元和元年（一六一五）の大坂の陣後に、松平苗字を授与されたのは島津家のみになる。その時には島津家は、大坂の陣での羽柴宗家の滅亡にともなって、羽柴苗字を廃していたから、それは羽柴苗字からの改称ではなかった。島津家への松平苗字授与については、異なる論理によるものであったと考えられる。その点については、のちの章で取り上げることになる。

またそれらに松平苗字を授与したのが、家康だったのか、秀忠であったのか、についてみてみると、伝えられている通りとすれば、輝政が家康から与えられていた他は、すべて秀忠から与えられている。堀忠俊・毛利秀就の場合は、秀忠からの一字書出・受領状が出されているので、秀忠から与えられたと考えられる。ただし輝政の場合についても、系譜史料や「孝亮宿禰日次記」では、秀忠から与えられたと記していた。秀忠は、慶長十年の将軍任官によって徳川家当主になっていたから、公的にはそれらは秀忠の行為とされた、ということは十分に考えられる。

秀忠の将軍任官により、秀忠が徳川家当主になったとはいっても、家康は「大御所」として、「天下人」として存在するとともに、徳川家の家長権についても家康と秀忠で分有する状況にあった。よく指摘されているのは、遠江《とおとうみ》以西の西国大名統制は家康の管轄であった、ということである。その場合、池田家・毛利家への関わりは家康が担ったことになる。さらに徳川家内部での管轄という側面から考えると、家康の娘・養女に関しては、家康が管轄し続けた可能性は十分に想定される。その場合、蒲生家・堀家・池田家への関わりは家康が担ったことになる。実際、二つの側面に合致する池田輝政については、家康から松平苗字を与えられていた。

その一方、秀忠の娘婿である前田利光、秀忠養女婿の池田輝直・毛利秀就は、秀忠との関わりが強いとみることもできる。また伊達政宗については、娘が家康子息と結婚し、嫡男が家康娘と婚約したという状況からは、家康との関わりが強かったと考えられるが、東国大名であったことから、秀忠の統制下にあった存在になる。外様国持大名統制における、官位・偏諱・松平苗字授与や婚姻関係の形成について、家康と秀忠による「両頭政治」において、それぞれがどのように関わっていたのかについては、その過程を示す詳細な史料がない限り、実態は判明しない。しかしこの問題は、徳川将軍家による外様国持大名統制の展開の在り方を認識するうえで、重要な論点となるに違いない。

羽柴家譜代系国持大名への松平苗字授与の始まり

次に、羽柴家譜代系の国持大名への松平苗字授与の状況について取り上げることにしたい。これについては、家康の生前期については、伯耆中村家・土佐山内家・筑前黒田家・阿波蜂須賀家の四家四人がみられている。いずれにも共通しているのは、実際に授与された人物は、羽柴家譜代系の国持大名において二代目にあたっていることである。

ちなみに家康の死後、秀忠の生前期に松平苗字を与えられたものに、肥前鍋島家・安芸（もと紀伊）浅野家・肥後加藤家の三家がみられている。そして加藤家への松平苗字授与をもって、羽柴家譜代系外様国持大名への松平苗字授与は最後になっている。秀忠が死去した寛永九年（一六三二）の時点で、松平苗字を授与されていなかった羽柴家譜代系外様国持大名ないしそれに準じる存在は、出雲堀尾家・讃岐生駒家・陸奥会津加藤明成《あきなり》（嘉明の子）・筑後有馬家・肥前唐津寺沢家だけとなっている。

①中村忠一

中村忠一（一五九〇～一六〇九）は、中村式部少輔《しきぶのしょう》一氏《かずうじ》の嫡男で、伯耆一七万五千石の国持大名。父一氏は関ヶ原合戦の最中に死去し、中村家の合戦における功績により、戦後に、まだ一一歳で幼名一学を称していた忠一に、伯耆一七万五千石が与えられた。

慶長八年（一六〇三）三月二十四日に、一四歳で、従五位下・伯耆守に任じられて、「中村伯耆守」を称している（「勧修寺家文書」『豊臣期武家口宣案集』一五五頁）。その時の口宣案は残されていないが、同時に叙任された他の羽柴家譜代系国持大名の場合からすると、豊臣姓で叙任されたと考えられる。同時に元服したとみなされ、実名は「一忠」を名乗った。無年号五月三日付学校宛書状の端裏上書に「中村伯耆守一忠」と記し、署名も「一忠」と記している（「三岳寺《さんがくじ》文書」）。

同十三年十月六日に、秀忠から松平苗字を与えられた。その時の判物が次のものである。

徳川秀忠受領状写（加越能文庫「中村逸角家蔵文書」）

宜しく任ずべし

松平伯耆守

慶長十三年拾月六日　（徳川秀忠）（花押）

忠一の実名は、秀忠から偏諱を与えられたものととらえられ、「続武家補任」では「御称号（松平苗字）・御諱字（忠）を賜る」と記し（『大日本史料』一二編六冊三四〇頁）、「慶長見聞録案紙」も、「松平伯耆守忠一」と表記しており（同前書三九九頁）、秀忠から偏諱を与えられて、「忠一」に改名したことを前提にしている。ただし現在、実名「忠一」を明記する当時の史料は確認されていない。そのためこのことについては確定できないのが現状である。ただそのような所伝が明確に存在していることからすると、その可能性を排除できないとも思われる。そのためここでは、「慶長見聞録案紙」などの所伝を尊重して、

「忠一」に改名したことを前提にしておきたい。ちなみにその場合、その時期としては、松平苗字を与えられたのと同時と考えられる。

また忠一は、時期は判明していないが、秀忠の養女と結婚したとされ、家康の姪《めい》にあたる松平因幡守康元《いなばのかみやすもと》の娘（浄明院《じょうみょういん》）と伝えられている（「寛政重修諸家譜」〈『大日本史料』一二編一一冊八〇頁〉など）。ちなみに忠一の子孫は加賀前田家に仕えるが、そこで作成した文政八年（一八二五）の「系図帳」（「中村逸角家蔵文書」）では、実名は「一忠」のみとし、妻について「台徳院殿（秀忠）養女の由にて、松平甲斐《かい》守殿（忠良《ただよし》、康元長男）娘也」と記していて、そこでは康元の長男・忠良の娘としている。ただし松平忠良は、忠一より八歳年長にすぎず、康元は慶長八年に死去していることからすると、康元死後は、忠良の娘扱いになっていて、そのためそのように表記された可能性が考えられる。

それらでは、忠一妻は秀忠の養女とされているが、「譜牒余録《ふちょうよろく》」「豊浦毛利家譜」などでは、家康養女とされている（前掲大日本史料七九頁）。さらに「慶長見聞録案紙」では、「松平周防守康重《やすしげ》婿」と記していて、出自自体が異なっている。ただこの所伝については、忠一後室がその後に毛利秀元に再嫁していて、毛利家では松平康元娘と所伝しており、それは確かな事実ととらえられるので、松平康重娘というのは、何らかの誤伝と考えられる。それでは家康養女であったのか、秀忠養女であったのか、これについては容易には判断できない。家康養女であったとすれば、その結婚は慶長十年の秀忠将軍任官以前と考えられ、また秀忠養女であったとすれば、結婚は同十年以降と考えられるが、いずれも状況としては成り立ちうる。

忠一妻が、家康養女であったのか、秀忠養女であったのかは、現時点では、それを確定できる史料がないため、判断できない。ただ秀元妻の立場は、寛永九年（一六三二）二月六日の秀忠遺物分配において、家康養女としてみえているので（「東武実録」『内閣文庫所蔵史籍叢刊2』七六六〜九頁）、家康養女であったことが明らかである。このことから忠一妻の段階も家康養女であった可能性が高いであろう。さらに彼女は家康の姪であることから、世代的な観点からも、家康養女の妥当性が高いと考えられる。

そのうえで結婚と、忠一の松平苗字拝領の時期との関係であるが、これについても明確な判断はできない。これまでにみてきた事例からすると、結婚をうけて、松平苗字授与という場合が多かったことからすると（結婚前の松平苗字拝領は堀忠俊の場合のみ）、この忠一の場合も、前年までに家康養女と結婚して、それをうけて松平苗字を与えられた、という経緯を想定しておくのが妥当と思われる。慶長十三年には忠一は一九歳になっているので、結婚はそれより以前の可能性が高いとみなされ、仮に忠一が一五歳の時のこととすれば、それは同九年のことになる。何ら明確な根拠があるわけではないが、ここではその可能性を想定しておきたい。

この中村忠一の松平苗字拝領は、羽柴家譜代系外様国持大名としては、最初の事例になっている。この時点で、未婚ながらも当主として存在していたのは、この忠一だけであった。そのことからすると、家康は、若年の国持大名家当主であったため、養女と結婚させ、それをうけて徳川将軍家の身内化を図って、それを明示するものとして、松平苗字を与えたのではないか、と考えられる。もし忠一がその後も生存し、家康養女とのあいだに子どもが生まれていれば、その子も松平苗字を与えられたかもしれない。

しかし忠一は、その翌年の同十四年五月十一日に二〇歳で死去した。後継者がいなかったため、領知は収公された。妻の家康養女は、家康のもとに引き取られたとみなされ、同十八年に毛利家の有力一族の長府毛利秀元に再嫁した（前掲「譜牒余録」など）。毛利秀元は、松平苗字を与えられていない。同じ養女と結婚しているにもかかわらず、松平苗字を与えられていないのは、毛利秀元が国持大名ではなかったからと考えられる。それは、堀忠俊後室と結婚した有馬直純の場合と、同じと考えられる。

②山内忠義

山内忠義（一五九二〜一六六四）は、山内土佐守一豊の養嗣子（一豊弟康豊《やすとよ》〈のち忠豊《ただとよ》〉の長男）で、土佐二〇万三千石の国持大名。慶長八年（一六〇三）の一二歳の時に、伯父《おじ》一豊の養嗣子に定められ、家康・秀忠に出仕し、家康養女で姪にあたる松平隠岐守定勝《おきのかみさだかつ》（康元の弟）の次女・阿《くま》（光照院殿、一五九五〜一六三二）との結婚が取り決められた。その後に元服して、養父一豊の前通称の対馬守、実父康豊と同名の実名康豊を名乗った。そして同十年四月十七日に、阿と結婚した（長屋隆幸『山内一豊・忠義』など）。両者のあいだには、同十四年に嫡男・忠豊《ただとよ》、同十六年に長女・清《きよ》（松下長綱《まつしたながつな》妻、『山内家史料 第二代 忠義公紀 第一編』六二五頁に、元和九年〈一六二三〉時に一三歳とある）、同十八年に次男・忠直が生まれている。

この結婚をうけるようにして、慶長十年七月一日に、康豊はまだ嫡男の立場ながら、従五位下・対馬守に叙任されている（「柳原家記録」『豊臣期武家口宣案集』四七八号）。さらに同年九月二十日に養父一豊が死去し、それにより、家督と領知を継承した。これにより康豊は土佐一国を領知する国持大名家の当主になった。

そして同十五年閏二月十八日に、駿府で家康に出仕し、その時に領国受領名で養父一豊も称していた土佐守を与えることを言い渡された。そして三月一日に、駿府に来訪した秀忠に出仕し、松平苗字・受領名土佐守・「忠」字の偏諱を与えられた（前掲忠義公紀八一頁）。偏諱を与えられたことで、実名を「忠義」に改名した。その時の受領状と一字書出が次のものである。

徳川秀忠受領状写

宜しく任ずべし

松平土佐守

慶長十五年三月朔日　御書判

徳川秀忠一字書出写

忠

慶長十五年三月朔日　御書判

松平土佐守とのへ

これにより康豊は、「松平土佐守忠義」を名乗った。手順としては、松平苗字と受領名土佐守を与えられ、そのうえで偏諱を与えられるかたちになっている。先に取り上げた堀忠俊の場合も、松平苗字を授与されたうえで偏諱を与えられているから、それと同じ在り方にあったとみなされる。

忠義が松平苗字を与えられたのは、家康養女の婿であったことと、国持大名であったことによるとみなされる。とはいえ、それは家督相続から五年後のことになる。その理由は判明しない。そのあいだにも、家康・秀忠に出仕する機会があったことからすると、家督相続後に初めて出仕したからということでもなかった。松平苗字の授与が、どのような契機によっておこなわれるものであったのか、これからも追究していく必要を示している。

忠義はその後、寛永三年（一六二六）八月十九日に侍従に任官し（同時に従四位下に叙位か）、公家成大名になり、「土佐侍従」を称している。ここでの侍従任官は、羽柴家譜代系国持大名としてはほぼ初めてのことになるとともに（初例は前年の藤堂高虎）、この時には、松平苗字を与えられていた黒田忠長《ただなが》（忠之《ただゆき》）・蜂須賀忠鎮《ただしげ》（忠英《ただてる》）をはじめ、安芸浅野長晟・伊予松山加藤嘉明・出雲堀尾忠晴・肥後加藤忠広も同時に叙任されている。羽柴家譜代系国持大名が、それ以前から公家成していた国持大名と同列化されたことを示している。

忠義は、明暦二年（一六五六）七月に隠居し、家督と領知を嫡男の忠豊に譲っている。そして寛文四年（一六六四）十一月二十四日に七三歳で死去した。

③黒田忠長（忠之）

黒田忠長（一六〇二～五四）は、筑前五〇万二四〇〇石（元和三年〈一六一七〉時）の黒田甲斐守長政（一五六八～一六二三）の嫡男で、母は家康養女（家康姪・保科正直《ほしなまさなお》娘）・栄《えい》（大涼院《だいりょういん》、一五八五～一六三五）。長政と栄は、関ヶ原合戦直前の慶長五年（一六〇〇）六月六日に結婚したと伝えられている（「黒田家譜」『新訂黒田家譜 第一巻』三一二頁・「幕府祚胤伝」『徳川諸家系譜 第二』四九頁）。両者のあいだには、同七年に長男・忠長、同十一年に次女・徳（榊原忠次《ただつぐ》妻）、同十五年に三男・長興《ながおき》、同十七年に四男・高政《たかまさ》、元和二年（一六一六）に三女・亀（池田輝興妻）が生まれている。

忠長は一一歳の時の同十七年十二月十八日に、駿府で初めて家康に出仕し、そこで右衛《え》門佐《もんのすけ》に任じることを言い渡された。そして同十八年正月二十一日に、江戸において秀忠から、松平苗字・従五位下・官途名《かんどめい》右衛門佐・「忠」字の偏諱を与えられて、「松平右衛門佐忠長」を名乗ったことが伝えられている（前掲黒田家譜四七六〜七頁）。これにより忠長は元服したととらえられる。ちなみに「当代記」は、秀忠から官途名と偏諱を与えられた日付を、二月二十日としている（前掲刊本二四〇頁）。いずれかが誤記とみなされるが、官途状や一字書出が残されていないため、確定できない。ここでは「黒田家譜」の記述に従っておくことにする。

なお官途名の授与については、家康から許可され、そのうえで秀忠から与えられる、という手順がとられたことが知られる。この手順は、先の山内忠義の場合も同様であった。これらのことからすると、官途・受領名については、家康が授与を決定し、松平苗字と偏諱については、秀忠が決定していたという状況が想定されることになる。もちろん、苗字・偏諱授与についても、あらかじめ家康の意向があったと考えることは可能であり、その可能性が高いと思われる。しかし任命手続きとしてはそのようなかたちにあったことがうかがわれる。これは「両頭政治」段階での家康と秀忠の役割分担を認識するうえで、重要な要素であると考えられる。

忠長はその後、実名を「忠政」、さらに「忠之」に改名するが、それぞれの改名時期については、正確には把握できていない。慶長二十年（元和元年）五月五日の時点では「忠長」を名乗っていて（前掲黒田家譜四八四頁）、元和五年六月十七日の時点では「忠政」を名乗っていて（『福岡県史 近世史料編 福岡藩初期（下）』一一九一号）、同九年閏八月二十日の時点では「忠之」を名乗っているので（『福岡県史 近世史料編 福岡藩初期（上）』六九三号）、それぞれのあいだで改名したことがうかがわれる。

また忠長は、元服の前年というから、慶長十七年のことと推定されるが、「公命《こうめい》」により、秀忠付き徳川家家老の大久保《おおくぼ》相模守忠隣《さがみのかみただちか》の娘との結婚が取り決められたことが伝えられている。また大久保忠隣の娘というのも、実はその嫡男・加賀守忠常《ただつね》の娘で、忠常はすでに死去していたため、祖父忠隣の娘として扱われたものという。そしてその曾母は、家康長女の亀であったから、彼女は家康の外曾孫にあたる。したがって忠長は、家康の外曾孫と婚約したことになる。その場合、家康か秀忠の養女とされたとみて間違いないと思われるが、「公命」とのみあるにすぎないため、限定できない。ただし他の家康と秀忠の養女の事例を勘案すると、家康の曾孫世代であること、慶長十七年という時期からすると、秀忠の養女とされた可能性が高いと思われる。しかしこの婚約は、翌年の同十八年に大久保忠隣が失脚・改易されたことで、破談になったことが伝えられている（前掲黒田家譜四九八頁）。

そして忠長（忠之）の結婚については、元和八年正月二十六日に、秀忠養女となった松平甲斐守忠良（家康弟・松平康元の長男）の娘（久《ひさ》・梅渓院《ばいけいいん》、一六〇六～二八）とおこなわれた（前掲黒田家譜四九八頁）。ちなみに久が秀忠養女になったことについては、「梅津政景《うめづまさかげ》日記」に、「松平甲斐守（忠良）御娘、公方様（秀忠）御取り子に成され、御城より黒田右衛門殿（忠之）へ御祝言有り」と記されていることによって確認できる（『大日本史料』一二編四四冊一一一頁）。またこの記述により、秀忠の養女は、江戸城から輿入《こしい》れしたことがわかり、きちんと形式が整えられていたことが確認される。なお両者のあいだには子どもはできず、のちに忠之の家督を継承する光之《みつゆき》は庶出であった。

　翌年の元和九年八月四日に、父長政が死去したことをうけて、その家督と領知を継承した。これにより忠之は、筑前四三万三千石（寛永十一年〈一六三四〉時）を領知する国持大名家の当主になった。寛永三年（一六二六）八月十九日に、従四位下・侍従に叙任されて公家成大名になり、「筑前侍従」を称している。正保四年（一六四七）三月二十八日に、三代将軍家光から、嫡男長之《ながゆき》（光之、吉兵衛・左京大夫）が官途名右衛門佐を与えられるのにともなって（「黒田右衛門佐」）、忠之は父長政が称していた筑前守を与えられている（「寛政重修諸家譜」など）。以後は「松平筑前守」を称した。ちなみに嫡男長之は、翌慶安元年（一六四八）十二月二十八日に、家光から「光」字の偏諱（「御諱字《おいみなじ》」）と松平苗字（「御称号《ごしょうごう》」）を与えられて、「松平右衛門佐光之」と名乗っている。そして忠之は、承応《じょうおう》三年（一六五四）二月十二日に五三歳で死去した。家督と領知は、嫡男の光之に継承された。

④蜂須賀至鎮

蜂須賀至鎮（一五八六～一六二〇）は、阿波一七万三千石の蜂須賀阿波守家政の嫡男。関ヶ原合戦直前となる慶長五年（一六〇〇）正月に、前年に婚約が成立していた、家康の養女で徳川家譜代小笠原《おがさわら》秀政《ひでまさ》の娘（家康外曾孫、万《まん》・氏《うじ》・虎《とら》・敬台院《きょうだいいん》、一五九二～一六六六）と結婚したと伝えられている（「蜂須賀家系図」『大日本史料』一二編三三冊三六三頁）。至鎮は一五歳、妻の虎は九歳であった。実名は初め「豊雄《とよかつ》」を名乗っていた。また通称は長門守を称していた。両者のあいだには、同八年に長女・三保《みほ》（芳春院《ほうしゅんいん》、池田忠雄妻）、同十六年に嫡男・忠鎮（忠英）、同十九年に次女・万（正徳院《しょうとくいん》、水野成貞妻）の一男二女が生まれている。

関ヶ原合戦後に、家政から家督を譲られ、阿波一国の国持大名家当主になった。慶長八年三月二十五日に、従四位下・阿波守に叙任されている（「柳原家記録」『豊臣期武家口宣案集』四三三号）。以後は「蜂須賀阿波守」を称した。同年には、領知高を一八万七千石に加増されている。その後に、実名を「豊住」に（前掲大日本史料三二三頁）、同十七年には「至鎮」に改名している（同前書三二四頁）。そして同二十年（元和元年〈一六一五〉）正月十一日に、前年末における大坂冬の陣での戦功を賞されて、秀忠から松平苗字を与えられた。その史料が次のものになる。

徳川秀忠感状（「蜂須賀文書」『大日本史料』一二編一七冊六四七頁）

今度摂州大坂表穢多崎ならびに仙波両所において、粉骨を竭《つ》くし軍忠に励むるの条、比類無き働き、感じ覚し候、茲《ここ》に因《よ》り松平に任ずべく者也、

慶長弐拾

正月十一日（花押）（徳川秀忠）

松平阿波守とのへ

これにより至鎮は、「松平阿波守」を称した。また同年閏六月二日に淡路六万石を加増されて、合わせて二五万七千石を領知した（「蜂須賀家系図」『大日本史料』一二編三三冊三二〇頁）。しかし同六年二月二十六日に三五歳で死去した。家督と領知は、わずか一〇歳の嫡男の千松《せんまつ》（忠鎮・忠英）に継承された。

ここまで、家康生前期に松平苗字を与えられた羽柴家譜代系外様国持大名について取り上げてきた。関ヶ原合戦直後、中村忠一・蜂須賀至鎮は、当主の立場にあったが、家督交替は合戦直後のことであったから、彼らは事実上は、二代目ととらえることができる。その他の山内忠義・黒田忠長（忠之）は、明確に二代目であった。このなかでは黒田忠長が

一〇歳ほど若く、また母は家康養女であったから、家康の義孫という立場にあり、徳川将軍家とは姻戚関係にあった存在になる。

また彼らはいずれも、家康もしくは秀忠の養女婿になっている。時期が早いのは蜂須賀至鎮で、関ヶ原合戦以前のことであった。山内忠義は慶長十年（一六〇五）のこと、中村忠一も同時期頃のことと、この三人はいずれも時期が早い。黒田忠長はそれらと比べると遅く、最初が同十七年の婚約、実際の結婚は元和八年（一六二二）まで下っている。けれども彼らが家康もしくは秀忠の養女婿であることは共通しており、彼らが松平苗字を与えられたのは、そのことが前提になっているとみなすことができる。

これらの事例をみると、家康・秀忠は、関ヶ原合戦後に、羽柴家譜代系外様国持大名に対して、養女をもって婚姻関係を形成し、その婿たる二代目に、松平苗字を与えて、徳川将軍家と親密な関係を形成しようとしたものと考えられる。ただし結婚時期と松平苗字拝領の時期についてみると、両者が密接な関係にあったとみられるのは中村忠一だけになる。黒田忠長も、婚約をうけて苗字を与えられているから、それに類似するとみることができるであろうか。それらに対して、結婚時期が最も早い蜂須賀至鎮は、一五年後に大坂の陣での戦功をもとに与えられており、山内忠義は結婚から五年後のことであった。ここにみられる違いが何によるのかは判断できないが、同じ羽柴家譜代系国持大名ではあっても、家康・秀忠からすると、中村家・黒田家と、山内家・蜂須賀家との扱いには差違がみられていたように思われる。

外孫への松平苗字授与の始まり

外様国持大名家への松平苗字授与について、慶長十四年になると、それまでとは異なる場合がみられるようになっている。それは家康の外孫に対して、一様に松平苗字を授与していることである。

家康は、嫡男・秀忠、九男・義利（義直）、十男・頼将（頼宣）については、徳川苗字を認めていたが、その他についていては、実子であったとしてもそれを認めず、松平苗字を称させていた。次男・秀康、七男・忠輝、十一男・頼房は松平苗字を称した。このうち頼房は、のちに三代将軍家光の時の寛永十年（一六三三）頃に、徳川苗字を与えられ（前掲拙稿「家康の妻と子どもたち」では同十三年とする所伝を採っていたが、同十年頃であると訂正する）、これにより徳川将軍家の分家としての尾張家・紀伊家・水戸家という「御三家」が成立する。もっとも徳川苗字を称したのはそれらの当主・嫡男だけで、その庶子はすべて松平苗字を称した。また尾張家・紀伊家についても、当初は嫡男も松平苗字を称していて（光友・光貞）、元服後に徳川苗字を認められるという状況にあった。

すなわち家康・秀忠の将軍任官以降、徳川将軍家の庶子については、松平苗字を称させていたのである。そうしたなかで、秀忠の将軍任官を機に、娘婿となる前田利光（利常）

に松平苗字を与え、外様国持大名に対して、身内化を図るという政策がおこなわれるようになった。その後は、堀忠俊・蒲生秀行・池田輝直（利隆）・伊達政宗・毛利秀就・中村忠一と、相次いで外様国持大名家の当主、もしくはその嫡男でそれに準じる存在（池田輝直）に対して、姻戚関係の形成とあわせて、松平苗字を与えている。たいていは家康・秀忠の娘婿ないしは養女婿の立場にあったが、伊達政宗のみ、子ども世代の婚姻関係による姻戚関係によったものであった。

そのうえで家康は、外様国持大名の庶子ながらも、外孫について、松平苗字を与えるようになる。それが次女・督の婿・池田輝政の庶子で、督所生の忠継・忠長（忠雄）・輝澄・政綱・輝興と、三女・振の婿・蒲生秀行の子で、振所生の忠郷・忠知である。以下ではそれぞれについて具体的な状況をみていきたい。

①蒲生忠郷

蒲生忠郷（一六〇三～二七）は、陸奥会津六〇万石の蒲生秀行の嫡男で、その妻の家康三女・振所生の長男で、家康の外孫にあたる。「義演准后日記《ぎえんじゅごうにっき》」慶長十四年（一六〇九）条表し見返し（『大日本史料』一二編六冊二四九頁）に、「亀千代　七歳〈去年元服、下野守と申す〉」とあることから、前年の同十三年に、六歳で元服したことが確認される。それについての詳細は判明しないが、秀忠から松平苗字・従五位下・受領名下野守・「忠」字の偏諱を与えられて、「松平下野守《しもつけのかみ》忠郷」を称した。

父秀行も松平苗字を与えられるが、その時期については、慶長十二年とされているものの、実際には同十五年のことであった可能性も想定される。前者の場合は、先に秀行に松平苗字を与えられて、その後に忠郷も松平苗字を与えられたことになり、後者の場合では、先に忠郷に松平苗字が与えられて、その後に秀行に与えられたことになる。いまだ確定できないが、秀行のところで述べたように、後者の可能性が高いように思われる。その場合、忠郷は、父に先んじて松平苗字を与えられたことになる。有力国持大名の嫡男ではあったが、まだ六歳にすぎなかったにもかかわらず、松平苗字を与えられているのは、まさに忠郷が家康の外孫であったことによるととらえられる。

いずれにしても忠郷は、家康の外孫のなかで松平苗字を与えられたものとして、四歳年長になる池田忠継よりも早く、最初に与えられた存在になる。その理由は判明しないが、忠継よりも先に家康・秀忠に出仕する機会があったためかと思われる。また通称とした下野守は、それ以前では、忠郷の養子入りが検討されていた松平忠吉がかつて称していたものになる。忠郷がその通称を称したのは、まさに忠吉への養子入りが検討されていたことに関わっている、とみてよいように思う。

同十七年五月に父秀行が死去したため、その家督と領知を継承した。元和二年（一六一六）三月に、従四位下・侍従に叙任されたとみなされ（「押小路文書」所収「徳川家康以後任官次第」前掲尾下論文参照)、公家成大名とされ、以後は「会津侍従」を称した。寛永三年(一六二六)八月十九日に正四位下・参議に叙任され、以後は「会津宰相」を称した。この参議昇任は、同じ家康外孫で従弟《いとこ》の関係にあった池田忠雄と同時のことであった。

この時点で、諸大名で最高位の大納言に徳川義直・同頼宣・松平忠長(家光弟)、それに次ぐ中納言に松平頼房・前田利常・伊達政宗・島津家久、同じ参議に松平忠直(秀康嫡男)・池田忠雄・蒲生忠郷、それに羽柴政権期以来の丹羽長重・毛利秀元があり、ここに忠郷の政治的地位が、諸大名のなかで極めて上位に位置付けられていたことが認識される。かつ徳川政権期以降で参議以上の官職に任官された者は、ほとんどが徳川もしくは松平苗字を称していた(福島正則のみ異なっていた)。蒲生家としては、参議の官職は、羽柴政権期における祖父氏郷以来のことになる。父秀行は侍従どまりであったから、忠郷はそれを超えるかたちになっている。

しかし同四年正月四日に二五歳で死去した。忠郷には継嗣がいなかったため、その家督は弟忠知に継承された。しかし領知については、会津領は枢要の地であったため、会津領には伊予松山領から加藤嘉明が四〇万石で転封され、代わって忠知が松山領二四万石に転封された。

②池田忠継

池田忠継（一五九九〜一六一五）は、播磨五二万石の池田照政（輝政）の五男であったが、家康次女で照政後妻の督所生の長男であった。五歳の時の慶長八年（一六〇三）二月十四日に、父照政とは別に、家康から備前二八万石を与えられて、幼少ながらも国持大名にされている。そのことを示すのが次のものである。

徳川家康判物写（「鳥取藩資料」拙著『近世初期大名の身分秩序と文書』一四三頁）

備前一か国の事、永く充行《あてが》いおわんぬ、全く領知すべき者也、仍《よ》って件の如し、

慶長八年二月十四日　御判（徳川家康）

藤松殿（池田忠継）

宛名にみえる「藤松」は、忠継の幼名である。ここで独自に一国の領知を与えられていることは、忠継が池田家の別家として立てられたことを意味している。さらに宛名は単に幼名が記されているだけで、苗字が記されていない。この書き方は、一族に対する書き方になる。このことから家康は、忠継を、照政の庶子としてではなく、徳川将軍家の一族として、それにとどまらず将軍家の庶子と同等に扱っていたことを意味している。したがってこの忠継の場合、池田苗字ではなく、潜在的に松平苗字の者として扱われていたといいうる。

忠継が実際に松平苗字を与えられたとみなされるのは、一一歳の時の同十四年四月十八日、元服の際のことととらえられる。なおその年次について、「寛政重修諸家譜」「続武家補任」(『大日本史料』一二編五二一～二頁)などでは、慶長十三年と伝えている。しかし忠継が家康・秀忠に初めて出仕したのは同十四年のことであった。「当代記」には、同十四年四月二日に、督が播磨から子ども(忠継・忠長・輝澄)をともなって駿府に下ってきて、家康に出仕したこと、その後は子どもを連れて江戸に下ったこと、同月二十八日には忠継らは江戸から駿府に戻っていて、その日に忠継・忠長・輝澄(「弟両人」)は、駿府城で能を舞ったこと、五月五日に督とその子どもたちは、駿府を出立して帰国したことが記されている(前掲刊本一四九～一五一頁)。

このことから、忠継らが江戸城に赴いて、秀忠に出仕したとみなされるのは、四月二日から二十八日までのあいだのことと推測される。前年のこととして伝えられている四月十八日とも、日付があうので、秀忠への出仕、そのもとでの元服は、この慶長十四年四月十八日のことととらえるのが妥当であろう。忠継はそこで、秀忠から松平苗字・従五位下・官途名左衛門督《かみ》・「忠」字の偏諱を与えられて、「松平左衛門督忠継」を称した。そしてそれをうけて、同年五月十三日に、従四位下・侍従に叙任されて、公家成大名とされている(「御湯殿上日記《おゆどののうえのにっき》」「時慶卿記《ときよしきょうき》」『大日本史料』一二編六冊三五四・三五六頁)。

忠継は、元服にともなって松平苗字を与えられ、さらに公家成大名にされている。松平苗字を与えられたのは、次にみるように、それは弟忠長・輝澄と同時であったとみなされることから、家康の外孫であったことにより、公家成大名にされたのは、名目的には備前一国の国持大名であったから、ととらえられる。忠継は、照政の庶子にもかかわらず、独自の国持大名と位置付けられていたのであった。それは彼が家康の外孫であることをもとに、照政・照直（利隆）とは別家として位置付けられていたことにともなっている。その後も忠継の家系（忠雄・光仲《みつなか》）は、利隆の家系とは別家として存在し、徳川将軍家の一門衆に位置付けられており（野口前掲書）、それはここに始まっていたとみなされる。

　忠継は年少であったため、備前統治をおこなわず、それは長兄で照政嫡男の照直（輝直）に委ねられていたが、慶長十八年に父輝政が死去すると、輝直がその家督を継承するものの、領知については、播磨五二万石のうち一〇万石（母督の化粧料）は忠継に与えられて、四二万石の継承とされた。そして忠継は、備前一国と播磨内一〇万石のあわせて三八万石を領知した。それにともなって「備前侍従」を称した。しかし元和元年（一六一五）二月二十三日に、わずか一七歳で死去した。美作森忠政の娘（菊《きく》、のち鳥居《とりい》忠恒《ただつね》妻）と婚約していたが、結婚前のことで、実子はいなかったから、家督と領知は、実弟の忠長に継承された。

③池田忠長（忠雄）

池田忠長（一六〇二～三二）は、池田照政（輝政）の六男で、その後妻・督所生の次男。

忠継の同母弟にあたる。八歳の時の慶長十四年（一六〇九）四月に、兄忠継・弟輝澄とともに、駿府で初めて家康に出仕し、同月十八日に江戸で秀忠のもとで元服し、秀忠から松平苗字・従五位下・官途名宮内少輔《くないのしょう》・「忠」字の偏諱を与えられて、「松平宮内少輔忠長」を称した。

ここで注目されるのは、弟輝澄は「忠」字の偏諱を与えられていないのに、忠長は兄忠継と同じく偏諱を与えられていることである。これは忠長の立場が、兄忠継に準じるもので、その分家として位置付けられていたことを意味している。それはすなわち、忠継が早世した場合に、忠長がそれを後継することを予定されたものととらえられる。実際にその後、そのことは実現されるが、そのように忠長は、他の弟に対して、別格の立場にあったといいうる。

慶長十五年二月二十三日に、家康から淡路六万三千石を与えられて（「寛政重修諸家譜」『大日本史料』一二編六冊九九四頁ほか）、まがりなりにも国持大名にされている。これも忠長が家康の外孫であったことによるととらえられる。元和元年（一六一五）二月に兄忠継が継嗣のないまま死去したため、その家督と領知を継承した。ただし領知については、播磨内を同母弟の輝澄・政綱・輝興に分知され、備前三一万五千石を領知し、有力な国持大名となった。またそれまで領知していた淡路一国は収公されて、それは阿波蜂須賀家に与えられている。

元和二年正月二十三日に、従四位下・侍従に叙任されて、公家成大名とされ（「広橋家文書」・「鳥取池田家譜」『大日本史料』一二編二四冊一一六頁）、以後は「備前侍従」を称した。その後に実名を「忠雄」に改名している。その所見は寛永元年（一六二四）に比定される六月二十五日付松平陸奥守（伊達政宗）宛書状（「伊達文書」『伊達家文書』一〇二〇号）であり、それまでに改名したことが確認される。

同三年（一六二六）八月十九日に正四位下・参議に叙任され、以後は「備前宰相」を称した。この参議昇任は、同じ家康外孫で従弟の関係にあった蒲生忠郷と同時のことであった。蒲生忠郷のところでも述べたが、この時点で、諸大名で最高位の大納言に徳川義直・同頼宣・松平忠長（家光弟）、それに次ぐ中納言に松平頼房・前田利常・伊達政宗・島津家久、同じ参議に松平忠直（秀康嫡男）・池田忠雄・蒲生忠郷、それに羽柴政権期以来の丹羽長重・毛利秀元があり、ここに忠雄の政治的地位が、諸大名のなかで極めて上位に位置付けられていたことが認識される。かつ徳川政権期以降で参議以上の官職に任官された者は、ほとんどが徳川もしくは松平苗字を称していた。池田家としては、参議の官職は、父輝政以来のものになっている。

そして忠雄は、寛永九年四月三日に三一歳で死去した。家督と領知は嫡男の光仲に継承された。

④池田輝澄

池田輝澄（一六〇四〜六二）は、池田照政（輝政）の七男で、その後妻・督所生の三男。忠継・忠長（忠雄）の同母弟にあたる。六歳の時の慶長十四年（一六〇九）四月に、兄忠継・忠長とともに、駿府で初めて家康に出仕し、同月十八日に江戸で秀忠のもとで元服し、秀忠から松平苗字を与えられ、通称左近を称した。兄忠継・忠長とは異なって、官途名と偏諱を与えられていないのは、忠継・忠長とは区別された地位に置かれたことを意味している。輝澄は、あくまでも忠継家の庶子の立場にあったとみなされる。

元和元年（一六一五）六月六日に、従五位下・石見守《いわみのかみ》に叙任されて、以後は「松平石見守」を称した。同月二十八日に、兄忠継の遺領のうち播磨宍粟《しそう》郡三万八千石を与えられた。その立場は、忠継の家督を継承した兄忠長の庶子というものになる。同三年十二月に従四位下に叙され、寛永三年（一六二六）八月十九日に侍従に任じられ、公家成大名にされた。以後は「山崎侍従」を称した。輝澄は、国持大名忠雄の庶子であったにすぎなかったが、公家成大名にされているのは、家康の外孫であったためととらえられる。

同八年に、弟政綱死去にともなうその遺領処分にともなって、末弟輝興が領知していた播磨佐用《さよ》郡二万五千石を加増され、あわせて六万三千石を領知した。しかし同十七年七月に家中紛争によって改易され、甥《おい》の光仲（忠雄嫡男）に預けられた。そして寛文二年（一六六二）四月十八日に五九歳で死去した（橋本前掲書）。松平苗字は、輝澄一代だけに与えられていて、その子には与えられていない。輝澄が松平苗字を与えられたのは、家康外孫であったからとみなされる。

⑤池田政綱

池田政綱（一六〇五〜三二）は、池田照政（輝政）の八男で、その後妻・督所生の四男。忠継・忠長（忠雄）・輝澄の同母弟にあたる。七歳の時の慶長十六年（一六一一）に、初めて家康に出仕して、松平苗字を与えられた、と伝えられている（「寛政重修諸家譜」）。このことを証する他の史料はみられていないものの、これにより「松平岩松《いわまつ》」を称したととらえられる。政綱が松平苗字を与えられているのも、家康の外孫にあたっていたためととらえられる。ただし兄輝澄と同じく、官途名・偏諱を与えられていないのは、忠継・忠長とは区別された地位に置かれたことを意味している。政綱も、あくまでも忠継家の庶子の立場にあったとみなされる。

元和元年（一六一五）六月二十八日に、兄忠継の遺領のうち播磨赤穂《あこう》郡三万五千石を与えられた。その立場は、忠継の家督を継承した兄忠長の庶子というものになる。同九年七月十九日に従五位下・右京大夫《うきょうのだいぶ》に叙任され、以後は「松平右京大夫」を称した。寛永三年（一六二六）八月十九日に従四位下に叙された。すぐ上の兄にあたる輝澄よりも一段低い地位に置かれていた。しかし同八年七月二十九日に二七歳で死去した。後嗣がいなかったため、絶家とされ、領知は弟輝興に継承された（橋本前掲書）。

⑥蒲生忠知

蒲生忠知（一六〇五〜三四）は、蒲生秀行の次男で、その妻の家康三女・振の所生、忠郷の同母弟にあたる。忠知の元服時期については判明していないが、尾下成敏氏により、父秀行死去直後には、まだ幼名鶴松《つるまつ》を称していたことが確認されている。すなわち、内容から慶長十七年（一六一二）もしくは同十八年に比定される関係文書で、忠郷が「下野殿」と称されているのに対し、忠知は「鶴松殿」と記されている（尾下前掲論文）。したがって忠知の元服は、父秀行死後であったことは間違いない。

同年以降に関して、忠知の元服時期について伝える唯一の所伝ともなっているのが、「諸系図」（『大日本史料』一二編九冊八二四頁）の記載内容といえ、そこでは忠知について、「慶長十八年従五下、元和元年中務少輔、同九年八・十八従四位下・中務大輔」と、その官位履歴を記している。そのうち元和元年（一六一五）の中務少輔任官というのは誤伝であり、また同九年の中務大輔《なかつかさのたいふ》任官も誤伝とみなされる。むしろ中務大輔任官は、元服時のことで、従五位下叙位と同時ととらえられる。その記載内容には誤伝も含まれてはいるものの、一定の事実を反映してもいる。そのため忠知の元服時期については、慶長十八年の可能性を想定できると思われる。

忠知は元服にともなって、秀忠から、松平苗字・従五位下・官途名中務大輔・「忠」字の偏諱を与えられて、「松平中務大輔忠知」を称した。松平苗字を与えられているのは、忠知が家康の外孫にあたっていたからととらえられる。さらに忠郷の庶家の立場にあったにもかかわらず、同じく「忠」字の偏諱を与えられているのは、池田忠長の場合と同じく、忠知の立場が、兄忠郷に準じるもので、その分家として位置付けられていたことを意味している。それはすなわち、忠郷が早世した場合に、忠知がそれを後継することを予定されたものととらえられる。実際にその後、それは実現されることになる。

元和九年八月二十七日頃に従四位下に叙され、寛永三年（一六二六）八月十九日に侍従に任官され、公家成大名とされた。おそらくこれにより、「会津侍従」を称したことと思われる。この時点での忠知の立場は、忠郷の同母弟にすぎなかった。忠郷には後嗣がいない状態にあったから、実質的にはその後継予定者の立場にあったとみることもできるが、それが決定されていたわけではなかった。にもかかわらず、ここで忠知が公家成大名にされているのは、まさに家康の外孫として、徳川将軍家の家族として存在していたからと考えられる。この時に、国持大名家の当主ないし嫡男ではなかったにもかかわらず、侍従に任官しているのは、この忠知と池田政綱（忠雄弟）がいるにすぎなかった。そうしたことからみて、忠知の公家成大名化は、家康外孫であることによりなされたものであった。

また忠知は、同年に出羽上山四万石を与えられて、独立した大名に取り立てられている。これにより「上山侍従」を称した。ところが同四年正月に兄忠郷が死去したため、その家督を継ぐものの、領知については、忠郷が領知していた会津領は枢要の地であったため、会津領には伊予松山領から加藤嘉明が四〇万石で転封され、代わって忠知が松山領二四万石に転封された。これにより以後は、「松山侍従」を称し、国持大名家として扱われた。しかし同十一年八月十八日に、三〇歳で死去した。嫡男の鶴松は前年に死去していたため、忠知には後嗣がいない状態にあった。そのため領知は収公され、蒲生家は絶家となった。

⑦池田輝興

池田輝興（一六一一〜四七）は、池田照政（輝政）の九男で、その後妻・督所生の五男。忠継・忠長（忠雄）・輝澄・政綱の同母弟にあたる。四歳の時の慶長十九年（一六一四）に、初めて秀忠に出仕し、秀忠嫡男の家光（当時は幼名竹千代）の小姓《こしょう》とされたことが伝えられている（「寛政重修諸家譜」）。このことを証する他の史料はみられていないものの、この時に松平苗字を与えられたとみなされ、以後は「松平古七郎」を称したととらえられる。輝興も、忠継・忠長とは異なって、官途名・偏諱を与えられていないのは、忠継・忠長とは区別された地位に置かれたことを意味し、あくまでも忠継家の庶子の立場にあったとみなされる。

元和元年（一六一五）六月二十八日に、兄忠継の遺領のうち播磨佐用郡二万五千石を与えられた。その立場は、忠継の家督を継承した兄忠長の庶子というものになる。寛永三年（一六二六）八月十九日に従五位下・右近大夫に叙任され、以後は「松平右近大夫」を称した。すぐ上の兄にあたる政綱よりも一段低い地位に置かれていた。同八年八月に、兄政綱の死去にともなって、その遺領を継承し、赤穂郡三万五千石を与えられた。佐用郡は兄輝澄に加増された。同十一年七月十六日に従四位下に叙され、亡兄政綱の地位に並んでいる。しかし正保二年（一六四五）三月に乱心したため改易され、甥の光政（利隆嫡男）に預けられ、同四年五月十七日に三七歳で死去した（橋本前掲書）。この輝興の場合も、松平苗字は、輝興一代だけに与えられていて、その子には与えられていない。輝興が松平苗字を与えられたのは、家康外孫であったからとみなされる。

以上のように、家康の生前で、家康の外孫に松平苗字が与えられた者には、次女・督所生の池田忠継・忠長（忠雄）・輝澄・政綱・輝興と、三女・振所生の蒲生忠郷・忠知がみられていた。このうち蒲生忠郷は、国持大名家の蒲生秀行の嫡男でもあったが、六歳での松平苗字拝領、かつそれは父秀行よりも早い時期でのことであったから、松平苗字拝領は、秀行嫡男という立場によるのではなく、家康外孫であったことによるとみなされる。

忠郷が松平苗字を与えられたのは慶長十三年（一六〇八）のことであった。翌年に池田忠継・忠長・輝澄が、同時に松平苗字を与えられたが、それは父輝政よりも早い時期でのことであった。池田家では、輝政嫡男の輝直（利隆）がすでに松平苗字を与えられていたが、忠継はその別家に位置付けられていて、忠長らの弟はその庶家に位置付けられていた。そして忠継ら兄弟が松平苗字を与えられたのは、やはり家康外孫であったからになる。その後も、同十六年に池田政綱、同十八年に蒲生忠知、同十九年に池田輝興に松平苗字が与えられていて、そうして督と振所生の外孫はすべて、松平苗字を与えられている。

それらの松平苗字の授与は、形式的には将軍秀忠によっておこなわれたものであった。池田忠継・忠長、蒲生忠郷・忠知が、同時に秀忠から「忠」字の偏諱を与えられているからである。しかしその決定は、外祖父の家康によっておこなわれていたと考えられる。池田忠継・忠長・輝澄の場合、秀忠に出仕する以前に、家康に出仕していることが確認されるからである。そもそも家康は、池田忠継がまだ元服前の時に、備前一国を与えた際に、苗字を記さず一門衆として扱っていた。また慶長十二年に、四男・忠吉が死去したのち、蒲生忠郷がその養嗣子になることが検討されていた。それらのことからすると、家康は督・振所生の外孫たちについて、当初から徳川将軍家の家族として位置付けていた、とみることができる。彼らの元服の際に、松平苗字を与えているのは、それを公的に表現するものであった、と認識できる。

家康生前期は、彼らだけになる。家康の外孫には、ほかに安芸浅野長晟の嫡男・光晟

（母は振）があったが、誕生は家康死後のことであった。浅野光晟は、外様国持大名家の嫡男であったが、やはり家康外孫ということで、嫡男の段階で、秀忠生前期に、三代将軍家光から松平苗字を与えられている。その秀忠生前期には、秀忠の外孫に対して松平苗字が与えられている。秀忠養女婿・池田利隆の庶子で、養女所生の恒元、次女・子々の婿・前田利常の子で、子々所生の利次・利治にも、庶子ながらも松平苗字が与えられている。このように将軍家の外孫に松平苗字が与えられるのは、ほぼ秀忠生前までに限られている。このことからこの事態は、家康・秀忠期における特徴ととらえることができる。

さらにその子孫について、松平苗字が与えられ続けたのは、（備前）池田家の別家と位置付けられ、国持大名家として存続した、忠雄の子孫（因幡池田家）のみであり、あとはすべて一代限りのものであった。したがってそれらへの松平苗字授与は、まさに将軍家の外孫であったことによると認識される。

しかもそれら前田・池田・蒲生家は、秀忠・家光期においては、徳川将軍家の一門衆として扱われた。元和八年（一六二二）の秀忠への正月出仕は、尾張義直・紀伊頼宣・水戸頼房に続いて、蒲生忠郷・越前松平忠昌（秀康次男）がおこなっており、同九年正月の秀忠への出仕についても、同様であった（「元和年録」『内閣文庫所蔵史籍叢刊65』五〇四・五一五～六頁）。秀忠死後の寛永十年（一六三三）の将軍家一門衆参加の行事に、前田利常・光高、池田光政・光仲・輝興、蒲生忠知、浅野光晟が参加しているが（野口前掲書）、彼らは将軍家の外孫ないしその後継者であった。家康・秀忠は、それら外孫を、将軍家家族として位置付け続けたことがわかるであろう。

二代目大名・伊達忠宗への授与

家康外孫への松平苗字授与に続いて、新たにみられた事態となるのは、すでに松平苗字を与えられている外様国持大名の嫡男に、元服にともなって松平苗字を与える、ということである。具体的には、陸奥仙台六一万五千石の伊達政宗の嫡男・忠宗に対してである。伊達忠宗（一五九九～一六五八）は、伊達政宗の次男であったが、その正妻・愛《めご》の所生であった。そのため関ヶ原合戦後に、兄秀宗を差し置いて、政宗の嫡男とされた。秀宗は羽柴政権期においては、政宗の嫡男とされていて、公家成大名にもされていた。しかし関ヶ原合戦後に、庶出子であったため、嫡男の立場を認められなくなり、慶長七年（一六〇二）には家康への人質として江戸に送られている。代わって同八年に、まだ五歳であった嫡出子の忠宗（当時は幼名虎菊丸）が家康に初めて出仕し、政宗の嫡男として承認されている。

同十二年正月一日に、家康五女・市（母は英勝院《えいしょういん》殿）が生まれると、忠宗との婚約が取り決められた。誕生間もないうちの婚約は、異例のことといってよいが、その相手が忠宗とされたことは、家康が政宗嫡男との婚姻関係の形成に執心していたことをうかがわせ、それはすなわち伊達政宗との安定的な政治関係の構築に熱心であったことを示していよう。

その時点で、家康にとって、外様国持大名のうち大大名で、当主もしくは嫡男と婚姻関係がなかったのは、伊達家・島津家・最上家だけであった。家康はそのなかで、伊達家嫡男を自身の娘婿に選んだことになる。すでに伊達家とのあいだには、政宗娘を七男・忠輝の妻に迎えていて、姻戚関係を形成していたが、伊達家との安定的な政治関係の構築には、伊達家継承者との婚姻関係の形成が必要と考えていたのであろう。

しかし同十五年閏二月十三日に、家康の娘・市はわずか三歳で死去してしまった（「当代記」前掲刊本一六一頁）。それにより市と忠宗の婚約は破談になった。これをうけて家康は、同十六年四月（同十五年末とする所伝もある）に、次女・督所生の外孫で、池田輝政の次女・振（孝証院《こうしょういん》、一六〇七〜五九）を、英勝院殿の養女にし、それをうけて家康の養女にして、忠宗と婚約させたと伝えられている（「寛永諸家系図伝」「池田氏家譜集成」『大日本史料』一二編八冊一八二頁）。これにより忠宗は、家康の外孫にして養女と婚約することになった。

それをうけて同十六年十二月十三日に、忠宗は一三歳で秀忠のもとで元服し、秀忠から松平苗字・従五位下・美作守・「忠」字の偏諱を与えられて、「松平美作守忠宗」を称した（「政宗君治家記録引証記」『伊達政宗卿伝記史料』七四七頁）。受領名美作守は、父政宗がかつて戦国時代に称していたものになるから、それを襲用したことになる。ここに忠宗は、政宗嫡男という立場でしかなかったにもかかわらず、松平苗字を与えられたのであった。

忠宗が松平苗字を与えられたのは、すでに家康養女と婚約していたから、ひとまずはそれにともなうものと考えられる。それまでにも、外様国持大名家の嫡男が、家康養女・秀忠養女との結婚あるいは婚約したことで、元服にともなって松平苗字を与えられた事例としては、堀忠俊・池田輝直（利隆）・毛利秀就・中村忠一・山内忠義というように、いくつもみられていた。しかしそれらと忠宗の場合が異なっているのは、すでに父の外様国持大名家当主が松平苗字を与えられていたことである。このことは松平苗字を与えられていた外様国持大名家で、そのことが再生産されるという状況を生み出した。すでに蒲生家は、秀行・忠郷が親子二代で松平苗字を与えられているが、それは嫡男・忠郷が家康外孫であることによる、特別の事情によっていた。しかしこの忠宗の場合はそうでなかったから、松平苗字授与が、代々にわたっておこなわれることの前例をなしたといいうるのである。

この忠宗の事例ののち、松平苗字を与えられていた外様国持大名家の嫡男が、元服や家督相続などにともなって松平苗字を与えられるという事態は、家康の死後になって、阿波蜂須賀家・土佐山内家にみられ、三代将軍家光期以降では、伊達家・前田家・備前池田家・因幡池田家・毛利家・蜂須賀家・山内家・黒田家・鍋島家・島津家でおこなわれ、それが慣例化していくことになる。したがってこの忠宗の場合は、そのことの出発点をなすものといいうる。

なお忠宗はその後、元和二年（一六一六）十月二日に正五位下・侍従に叙任され、公家成大名とされた。以後は「仙台侍従」を称した（前掲書八六九頁）。次いで同三年十二月十三日に、婚約していた振があらためて秀忠の養女とされたうえで、忠宗は振と結婚した（前掲書八八四頁）。寛永元年（一六二四）六月二十三日に、秀忠・家光から受領名越前守を与えられて、以後は「松平越前守」を称した（前掲書一〇四三～四頁）。受領名越前守は、父政宗が羽柴政権期に、羽柴苗字とともに使用していたものなので、その襲用になる。同三年八月十九日に従四位下・右近衛権少将に叙任され、以後は「仙台少将」を称した（前掲書一一三六頁、ただし同史料は二十一日としている）。この時の忠宗は、いまだ政宗嫡男の立場にすぎなかったが、ここで少将に昇任しているのは、国持大名家嫡男という立場では唯一であり、それだけ伊達家の政治的地位が高く位置付けられていたことを示している。

同十三年五月に父政宗が死去したことで、その家督と領知を継承した。同十六年四月十四日に、嫡男光宗（一六二七～四五）の元服にともなって、受領名陸奥守を与えられて、以後は「松平陸奥守」を称した。この通称は父政宗が、松平苗字を与えられて以降に称していたものであり、その襲用になる。そして元服した光宗が、松平苗字と受領名越前守を与えられて、忠宗に代わって「松平越前守」を称した（「寛政重修諸家譜」など）。そして忠宗は、万治元年（一六五八）七月十二日に六〇歳で死去した。すでに嫡男の光宗は正保二年（一六四五）九月八日に一九歳で死去していたため、庶出の六男ながら嫡男にされていた綱宗《つなむね》（松平巳之助《みのすけ》・藤十郎・美作守）が、家督と領知を継承した。

第三章　家康による外様国持大名との婚姻政策

松平苗字授与と婚姻関係

前章において、家康生前期に、家康・秀忠が外様国持大名に松平苗字《みょうじ》を授与した状況について、個々の具体的な事例を取り上げてきた。その結果、松平苗字授与においては、家康の外孫にあたるという親族関係によるか、もしくは婚姻関係をともなっていたか、ということが認識された。家康生前に松平苗字を与えられた外様国持大名は一九人があったが、そのうち外孫にあたることで松平苗字を授与されたものに、池田忠継・忠長（忠雄）・輝澄・政綱・輝興、蒲生忠郷・忠知の七人があった。その他のうちの一一人について、婚姻関係（家康死後の結婚も含む）がみられていた。

唯一、それらに該当しなかったのが、伊達政宗の場合になる。政宗の場合、娘と嫡男について、徳川将軍家との婚姻関係を形成しているものの、政宗自身は、徳川将軍家とのあいだに婚姻関係を形成していなかった。この政宗の事例については、別の要因も作用しているととらえられ、それについては家康死後における島津家久への松平苗字授与とあわせて、あとで検討することにしたい。

この伊達政宗の事例はあるものの、家康外孫の場合を除いたその他の一一例のすべてで、徳川将軍家との婚姻関係が形成されていた。もっとも家康と秀忠の実娘《じつじょう》には、人数に限りがあることはもちろんであり、それを補うものとして、血縁関係にあった親族、さらには血縁関係にはない家老の娘を養女にして、婚姻関係を形成していた。一一例のうち、家康・秀忠の実娘との婚姻は、家康娘婿の池田輝政・蒲生秀行と、秀忠娘婿の前田利光（利常）の三人にすぎない。

したがって残る八人が、養女との婚姻であった。ところがここで気になるのは、家康・秀忠の実娘・養女と外様国持大名との婚姻のすべてについて、松平苗字が授与されていたわけではなかった、ということである。松平苗字の授与の前提に、徳川将軍家との婚姻関係があったとみなされる一方で、授与されていない婚姻関係もあった。そうすると同じく家康・秀忠の実娘・養女と結婚しても、松平苗字が授与された場合とそうでない場合があったことになる。

そこで本章では、家康生前期を対象に、家康・秀忠と外様国持大名との婚姻関係について、その全貌《ぜんぼう》を把握することにしよう。あとでみるように、婚約破談の事例も含めて、また羽柴政権期からの事例も含めて、三一例が確認される（養女についての再嫁の三例は除外している）。そのうえで個々の具体的な事例について取り上げることにしたい。松平苗字を授与された八人については、前章で具体的に取り上げているので、本章においては、松平苗字を授与されていない事例について、みていくことにしたい。これによって同じく家康・秀忠の実娘・養女と婚姻関係を形成しながらも、松平苗字を授与されるかどうかの違いが、何によるものであったのか、考えていくことにしたい。

羽柴秀吉生前における婚姻

まずは羽柴政権期での事例について確認することから始めたい。羽柴政権期での婚姻は、当時の状況においては、外様国持大名との婚姻にはあたらないが、それらの大名のうちで関ヶ原合戦後に外様国持大名になるものが存在するため、取り上げるのである。事例については三例がみられている。

①家康次女督（二〇歳）と池田照政（輝政・三一歳） 文禄三年結婚
②家康三女振（七歳）と蒲生秀隆《ひでたか》（秀行・一三歳） 文禄四年婚約・慶長元年結婚
③家康五男万千代と木下勝俊《きのしたかつとし》娘 年不明

このうち①②については、前章で取り上げているので、具体的なことは繰り返さない。いずれも羽柴秀吉の取り成しによるものであり、その時点での家康は、秀吉に従う羽柴（豊臣）大名の立場にあったから、他家との婚姻を自主的におこないうる状態にはなかった。したがってそれらの婚姻は、秀吉による大名統制として機能したものになる。

③は、家康五男の万千代（信吉か、一五八三～一六〇三）と木下勝俊（羽柴若狭少将）の娘との婚姻を示すものになるが、当時の史料で確認することはできず、「幕府祚胤伝《そいんでん》」

(『徳川諸家系譜　第二』所収)など、後世編纂《へんさん》の史料から知られるだけである。「幕府祚胤伝」にも、「羽柴若狭少将豊臣勝俊女《むすめ》、後に天祥院と号す」とあるにすぎず、具体的なことは判明していない。またその婚姻時期についても不明である。羽柴家親類衆で、かつ関ヶ原合戦で没落する木下勝俊の娘との婚姻であるから、それは秀吉生前のことで、またその婚姻は秀吉の取り成しによるもの、と推定される。

秀吉死去から関ヶ原合戦以前における婚姻

慶長三年(一五九八)に羽柴秀吉が死去すると、家康は「五大老」筆頭の立場をもとに、政権執政の立場を確立していくが、その過程で形成された婚姻関係に、次の四例がある。そのうちの一つは、伊達家という羽柴政権期においても外様国持大名の立場にあったものになるが、その他の三例は、羽柴家譜代系の国持大名となっている。

④家康七男辰千代《たつちよ》(忠輝・八歳)と伊達政宗娘(六歳)　慶長四年婚約・同十一年十二月結婚
⑤加藤清正(三八歳)と家康養女(家康従妹・水野《みずの》忠重《ただしげ》娘・一八歳)　慶長四年四月結婚
⑥蜂須賀豊雄(至鎮・一五歳)と家康養女(家康外曾孫《がいそうそん》・小笠原秀政娘・九歳)　慶長四年婚約・同五年正月結婚

⑦黒田長政（三三歳）と家康養女（家康姪《めい》・保科正直娘・一四歳）慶長五年六月結婚

このうち④⑥⑦については、前章で取り上げているので、具体的なことは繰り返さない。⑤は、加藤清正（一五六二〜一六一一）とのあいだにおけるものである。この時の清正は、羽柴家譜代系の肥後熊本一九万五千石の大名で、主計頭《かずえのかみ》を称した。結婚は、慶長四年（一五九九）四月二十二日のことと伝えられている。妻の家康養女は、家康の母方叔父《おじ》の水野忠重の娘（かなヵ・清浄院《しょうじょういん》、一五八二〜一六五六）である。これは清正の先妻・山崎家盛娘（慶長年間初め頃の死去と推定されている）が死去したことをうけてのこととみなされる。

同六年に清正とのあいだに娘・八十《やそ》（清正次女、瑤林院《ようりんいん》、徳川頼宣妻）が生まれているが、その他に子どもはいなかった。関ヶ原合戦後における清正の嫡男は、当初は次男・清孝《きよたか》（一五九九〜一六〇七）であったが、慶長十二年に早世し、代わって三男・忠広《ただひろ》（一六〇一〜五三）が嫡男にされた。この忠広は、清浄院の養子とされた。忠広は庶出子であったが、清浄院と養子縁組みしたことで、嫡出子扱いになっている（水野勝之・福田正秀『加藤清正「妻子」の研究』『続 加藤清正「妻子」の研究』）。

この時期における婚姻の性格として、何よりも注目されるのは、肥後加藤家（熊本一九万五千石）・阿波蜂須賀家（一七万三千石）・豊前黒田家（中津一三万石）という、羽柴家譜代出身の国持大名との婚姻である。これが羽柴政権での主導権確立のためであったことは明白といえよう。しかしその他にも、関ヶ原合戦で家康に味方した羽柴家譜代出身の国持大名には、尾張清須《きよす》福島家や甲斐浅野家・駿河中村家などがあったが、それらとのあいだには婚姻はおこなわれていない。その違いが何によるのかは明確ではない。加藤清正は、先妻死去をうけてのことであったが、黒田長政については、正妻・糸《いと》（宝珠院《ほうじゅいん》殿、蜂須賀正勝《まさかつ》娘、一五七一～一六四五）が存在していたなかでのことで、それに代わって正妻に迎えられたものになる（なお糸は、関ヶ原合戦後に離婚し実家に戻っている）。そのため妻が不在であったためというわけでもなかった。

今後、それらの婚姻の背景について検討していく必要があろう。ともかくもここで婚姻を結んだ加藤清正・黒田長政は、関ヶ原合戦において有力な家康方として活躍したことからすると、それらの選択は大いに成功したものといえる。また蜂須賀豊雄についても、国持大名の当主ではなく、嫡男とのあいだのものであった。ここで嫡男と婚姻を形成している意図も十分には判明しないが、妻は家康の外曾孫という子孫にあたり、他の加藤清正・黒田長政の場合とは異なっていることは注意される。

関ヶ原合戦から将軍任官までにおける婚姻

家康は関ヶ原合戦の結果、政権執政の立場を確立し、すぐに自身を主宰者とする新政権の樹立をすすめていくことになる。そして合戦の結果による大名配置で、それまでに婚姻関係を結んでいた池田照政（輝政）・蒲生秀行・伊達政宗・加藤清正・蜂須賀豊雄（至鎮）・黒田長政は、いずれも国持大名として存在するようになった。ここに家康の姻戚《いんせき》が、各地で国持大名として展開するようになった、とみることができる。

そして関ヶ原合戦後には、家康はさらに他の外様国持大名と婚姻関係を形成していくのである。以下では、年次にしたがって取り上げていくことにしよう。

慶長五年（一六〇〇）

⑧前田利光（利常・八歳）と秀忠次女子々（二歳）　婚約・慶長十年四月結婚

すでに前章の前田利光のところで取り上げているので、具体的なことは繰り返さない。婚約は関ヶ原合戦直後のことであり、最有力の外様国持大名とのあいだに、秀忠の実娘と婚約を成立させているところに、前田家との安定的な政治関係構築の意図をみることができよう。

慶長七年（一六〇二）以前

⑨池田照直（利隆・一九歳以下）と家康外孫（北条氏直娘・一三歳以下か）　婚約・同七年破談

すでに前章の池田輝直（利隆）のところで取り上げているので、ここで具体的なことは繰り返さない。照直は、家康娘婿・池田照政（輝政）の嫡男であったが、先妻の所生であったため、家康とは血縁関係にはなかった。婚約は照政後妻の督が、先夫・北条氏直とのあいだに産んだ娘とのことであるから、後妻の督と照直との関係密接化のためであったと考えられる。この場合の特徴は、国持大名の嫡男と婚約を形成したことといえる。またその婚約者は、家康外孫という、その子孫にあたっていた。

慶長七年
⑩有馬《ありま》豊氏《とようじ》（三四歳）と家康養女（家康姪孫・長沢松平康直《やすなお》娘・二一歳）

有馬豊氏（一五六九～一六四二）は、羽柴家譜代系で、玄蕃頭《げんばのかみ》を称した。この時は丹波福知山八万石を領知するにすぎず、国持大名ではなかったが、のち元和六年（一六二一）に筑後久留米二一万石の国持大名になるので、ここで取り上げている。「幕府祚胤伝」には、豊氏が父則頼《のりより》の遺領を継承して八万石を領知することになったのにともなって、「御養女」と結婚した、と記されている。妻の家康養女は、長沢松平康直の娘（蓮《れん》・長寿院《ちょうじゅいん》、一五八二～一六五二）で、康直の母は家康の異母妹（矢田《やた》）であったから、家康の甥《おい》の子にあたっていた。また長沢松平家の継承者は、家康六男・松千代、次いで七男・忠輝となっているように、家康と親しい親族ではあった。

両者のあいだには、翌慶長八年に嫡男・忠郷《ただざと》（のち忠頼《ただより》）、某年に次男・信堅《のぶかた》、同十六年に三男・頼次《よりつぐ》が生まれている。しかし豊氏父子は、松平苗字を与えられていない。豊氏については、それまでに家康養女と結婚していた加藤清正・黒田長政と同じく、すでに結婚の時に壮年に達していたからと考えることもできる。しかしその子忠郷については、家康養女の所生であり、秀忠から「忠」字の偏諱《へんき》を与えられているにもかかわらず、松平苗字を与えられていない。豊氏が国持大名になるのは、秀忠期のことになるが、その時期でも新たに国持大名に松平苗字を与えているから、豊氏父子が松平苗字を与えられていない理由は不明である。

将軍任官以降における婚姻

家康は慶長八年（一六〇三）に、将軍に任官して、自身を主宰者とする新政権を正式に発足させた。同十年に将軍職を嫡男秀忠に譲り、自身は徳川家の隠居となるが、引き続いて「天下人」として存在し、天下統治を秀忠と分掌した。そののち元和二年（一六一六）に死去するまで、外様国持大名とのあいだの婚姻関係（婚約のみも含む）は、二〇例がみられている。これほどの頻度は、その後の秀忠期・家光期にはみられていないから、それはまさに家康生前期に特有の事態であったとみなされる。ここでも以下、年次にしたがって取り上げていくことにしよう。

慶長八年（一六〇三）

⑪山内忠義（一二歳）と家康養女（家康姪・松平定勝娘・九歳）婚約・同十年四月結婚

前章の山内忠義のところで取り上げているので、ここで具体的なことは繰り返さない。結婚から五年後に、忠義は松平苗字を与えられている。その前年に、両者のあいだに嫡男忠豊が生まれているので、家康養女所生の嫡男誕生をうけて、松平苗字が授与された経緯をみることができる。

⑫鍋島勝茂（二四歳）と家康養女（家康姪孫・岡部《おかべ》長盛《ながもり》娘・一六歳）婚約・同十年五月結婚

鍋島勝茂（一五八〇～一六五七）は、肥前三五万七千石の国持大名の鍋島加賀守《かがのかみ》直茂《なおしげ》の嫡男で、信濃守を称した。慶長八年（一六〇三）に、勝茂先妻の戸田《とだ》勝隆《かつたか》娘（一五八四～一六〇三）が死去したことをうけて、学校法印（円光寺《えんこうじ》元佶《げんきつ》）のすすめで、家康の養女と縁組みすることになり、家康家老の本多《ほんだ》正信《まさのぶ》・同正純《まさずみ》父子の取り成しにより、家康の姪（弟松平康元の娘・岡部長盛妻）の娘（菊・高源院殿、一五八八もしくは一五八九～一六六一）を家康の養女にして、縁組みすることが取り決められた。その時に出された秀忠書状が次のものになる。

今度御祝言に就《つ》き、太刀一腰・馬代銀五十枚並びに袷《あわせ》単物三重、種々念を入れられ候段、喜悦の至りに候、大久保相模守申すべく候、謹言、

慶八

九月七日　秀忠御判

鍋島信濃守殿

そして二年後の同十年五月十八日に伏見で婚儀がおこなわれた。同月二十一日付で、本多正信から鍋島勝茂に宛てられた書状には、

貴公御祝言の儀に付いて、御親父様・御袋様御上り、万御造作御苦労推察仕り候、併せて御仕合いよく御座候由承り候て、拙者一人の様に目出《めで》度《た》く存じ奉り候、

と述べて、取り成した本多正信から喜びを伝えられている。また妻の菊の年齢について、この時に「今年十八歳也、又云う御年十七とも」とあるので、生年は天正十六年（一五八八）もしくは同十七年と推定され、勝茂からは八歳もしくは九歳の年少になる（「鍋島勝茂譜考補」『大日本史料』一二編三冊二〇六～一〇頁・「勝茂公譜考補」『佐賀県近世史料　第一編第二巻』二四七～五〇頁）。

「勝茂公譜考補」によれば、勝茂と菊とのあいだには、慶長十二年九月二日に長女・市《いち》（上杉定勝妻）、同十三年十月十一日に次女・鶴《つる》（多久茂辰《たくしげとき》妻）、同十八年六月二日に四男・忠直《ただなお》、元和元年（一六一五）十一月十二日に五男・直澄《なおずみ》、同四年六月十九日に八男・直弘《なおひろ》、同五年四月三日に四女・伊勢菊（神代常利《くましろ》妻）、同八年正月二十一日に九男・直朝《なおとも》、同九年二月二日に五女・長（松平忠房妻）、寛永二年（一六二五）に六女・乙成《おとなり》（鍋島直広妻）、同五年三月二十二日に十一男・神代直長《なおなが》の、五男五女が生まれたことが記されている。

これによれば出産は、慶長十二年から寛永五年まで、菊は二〇歳から四一歳にわたっていたことになる。さらに「寛政重修諸家譜」では、三男・満千代、三女・亀（諫早茂敬《いさはやしげよし》妻）、十男卿公《きょうこう》（僧）も、菊の所生と伝えている。ただし次女は長女誕生から一年一ヶ月後、四女は八男誕生から十ヶ月後、五女は九男誕生から一年後、というように、前の出産とのあいだがあまりに期間が短すぎることからすると、それらは菊の所生ではなく、養子縁組みしたもののように思われる。今後、勝茂の家族についてはあらためて検討する必要があろう。

勝茂は、元和三年九月六日に、父直茂の隠居にともなって家督を継ぎ、将軍秀忠から肥前三五万七〇三六石の領知の相続を安堵《あんど》する判物《はんもつ》を与えられている（前出『佐賀県近世史料』三三三頁）。これにより勝茂は、肥前三五万石の国持大名家の当主になった。勝茂には、先妻所生の長男・三平があり、同五年に元服し、紀伊守元茂《もとしげ》を称するが、これは元茂が庶長子として存在することを意味した。同時に菊所生の長男である忠直（幼名翁介《おうすけ》）が、嫡男に取り決められたとみなされる。そして同八年十二月二十六日に、翁介は秀忠のもとで元服し、松平苗字・従五位下・肥前守・「忠」字の偏諱を与えられて、「松平肥前守忠直」を称した。このことについてはのちの章であらためて取り上げるが、ここに鍋島家は、嫡男が松平苗字を称することになっている。これはその母が、家康養女であったことによると考えられる。

なお勝茂はその後、寛永三年八月十九日に、従四位下・侍従に叙任され、公家成《くげなり》大名とされた。以後は「肥前侍従」を称した。この時、初めて侍従に任官された外様国持大名には、浅野長晟・加藤嘉明・堀尾忠晴・山内忠義・蜂須賀忠鎮・加藤忠広・黒田忠之があり、勝茂はそれらと同等の政治的地位を与えられている。

慶長九年（一六〇四）

⑬福島正則（四四歳）と家康養女（牧野《まきの》康成《やすなり》娘・二二歳以下か）

福島正則（一五六一～一六二四）は、羽柴家親類衆の立場にあった、羽柴家譜代系の安芸・備後四〇万二千石の国持大名で、「羽柴左衛門大夫」「安芸少将」を称していた。関ヶ原合戦では、池田輝政とともに家康方の先方として、美濃岐阜城攻略から以後の大坂城接収まで、戦時禁制を出して戦場地域の治安維持を担うなど、家康の勝利に大きく貢献した存在である。慶長七年（一六〇二）には、徳川家一門以外で初めて、（従四位下か・）右近衛権少将に昇進している。その正則は、同九年に、家康養女とされた牧野康成の長女（昌泉院、?〜一六四二）と結婚した。このことを伝えるのは、「長岡牧野家譜」のみになるが、「康成の女《むすめ》、将軍家康の養女となり、安芸宰相福島正則に嫁す」とある（『大日本史料』一二編二冊八三二頁）。正則は同七年に先妻・照雲院（家臣津田《つだ》長義《ながよし》娘）が死去していて、それをうけての結婚になる。

昌泉院と家康には血縁関係はなかったとみなされる。昌泉院の生年については不明である。慶長十九年に、昌泉院上臈《じょうろう》の「広島本丸局」が安芸厳島《いつくしま》神社に、徳川家康・福島正則・牧野忠成《ただなり》（昌泉院兄）・「御しろさま・御うへさま」（昌泉院）・福島忠清《ただかつ》（忠勝）の息災祈念を依頼した文書に、それぞれの年齢が記載されているが、昌泉院についてのみ記載されていない。そのため彼女の生年については残念ながら判明しない（「厳島野坂文書」『広島県史　古代中世資料編Ⅱ』九八八頁）。兄忠成よりも年少であったことは確実であろうから、かりに二歳年少とすると、天正十一年（一五八三）生まれになり、その場合には、正則と結婚したのは二二歳のことになる。あるいはもっと年少であったかもしれない。

正則と昌泉院のあいだに、子どもが生まれたのかどうかは判明しない。結婚時に、正則の嫡男は、実長男の正長《まさなが》（後世成立史料で「正之・正友」とするのは誤り）であり、その早世後は次男の忠清とされた。それら嫡男と昌泉院のあいだで養子縁組みされた事実は確認されないが、その可能性は十分にあると思われる。しかし昌泉院は、正則改易（元和五年〈一六一九〉）にともなって、離婚して実家に戻ったという。寛永九年（一六三二）二月六日の秀忠の遺物分配をうけていないことからすると（「東武実録」『内閣文庫所蔵史籍叢刊2』七六六〜九頁）、離婚後は養女ではなくなっていたのかもしれない。

慶長九年頃か

⑭中村忠一（一五歳）と家康養女（家康姪・松平康元娘）同年結婚か

前章の中村忠一のところで取り上げているので、ここで具体的なことは繰り返さない。結婚時期は判明していないものの、そこで推定したように慶長九年の結婚であれば、それから四年後の同十三年に松平苗字を与えられている。これは山内忠義の場合と同じとみられる。ただ両者のあいだに子どもは生まれていなかったから、子どもの誕生をうけて、というわけでもなかったことがうかがわれる。

慶長十年（一六〇五）

⑮池田照直（利隆・二二歳）と秀忠養女（榊原康政娘・一二歳）五月結婚

前章の池田輝直（利隆）のところで取り上げているので、ここで具体的なことは繰り返さない。妻の鶴は、家康・秀忠とは血縁関係にはなかった。結婚から二年後に、松平苗字を与えられている。この状況は、山内忠義・中村忠一と同じ事態とみることができる。しかしながら利隆の場合は、嫡男・光政、次男・恒元がともにのちに松平苗字を与えられていることから、妻は将軍家の実子並みの扱いをうけていたことがうかがわれる。鶴は、外様国持大名家と結婚した秀忠養女として初めて確認される存在になる。実子並みの扱いにされたのは、そのことに関わるかもしれない。

　また結婚は、秀忠が将軍を襲職した直後にあたっている。父輝政は家康の娘婿であり、利隆もかつて家康外孫（義母督の娘）と婚約していたことを踏まえると、利隆を徳川将軍家の身内と認識し、それとの関係密接化が図られたことによると考えられる。

慶長十一年（一六〇六）頃か

⑯田中忠政（二二歳か）と家康養女（家康姪・松平康元娘）

　田中忠政（一五八五～一六二〇）は、羽柴家譜代系の筑後三〇万二千石の田中筑後守吉政の嫡男。隼人正《はやとのかみ》を称した。妻は家康の姪で、松平康元の娘（久松院《きゅうしょういん》、？～一六二九）。この結婚については、「幕府祚胤伝」に、「御養女　松平因幡守康元女、御養女として筑後国久留米城主田中筑後守忠政に嫁す、忠政卒後、松平右近将監《しょうげん》成重に再嫁す」とある程度にすぎず（前掲刊本四九頁）、詳細は判明していない。結婚の時期についても判明していない。

忠政は、吉政にとっては四男で、当初は長男の吉次《よしつぐ》が嫡男であった。吉次は、関ヶ原合戦以前から、その後も嫡男として存在していた。慶長十年（一六〇五）六月の時点でも、嫡男の立場にあったことが確認されている。同時にその時には、忠政が元服して、秀忠から「忠」字の偏諱を与えられて、「田中隼人正忠政」を称していることが確認されている。忠政が偏諱を与えられる経緯については判明しないが、関ヶ原合戦時に一六歳であったことから、合戦にともなって人質として江戸に送られ、秀忠の小姓《こしょう》などを務めて、元服に際して秀忠から偏諱を与えられたのではないか、と推定されている（中野等『筑後国主田中吉政・忠政』）。

しかし吉政は、徳川家と関係の深い忠政を後嗣にすえることを考えたと思われ、同十一年二月頃に、筑後を半分に分けて、忠政と「久兵衛」（同通称であれば三男・吉興《よしおき》にあたるが、文意からすると嫡男・吉次にあたるとみなされる）に与えることを考えたが、吉次が承認せず、京都に閑居したとみなされている（中野前掲書、田中建彦・田中充恵『秀吉の忠臣田中吉政とその時代』）。ここからすると、慶長十一年初めの頃に、吉次は廃嫡され、代わって忠政が嫡男に取り決められたと考えられる。忠政の結婚は、その嫡男化をうけてのことと考えられるので、この慶長十一年頃におこなわれたことが推定される。

忠政と家康養女のあいだには、子どもは生まれなかった。忠政は、慶長十四年二月の父吉政の死去をうけて、同年六月四日に将軍秀忠から、筑後の相続を認める判物を与えられて（中野前掲書二四三頁）、筑後一国の国持大名家の当主になった。同時に受領名《ずりようめい》筑後守を与えられて、父吉政の通称を襲名して「田中筑後守」を称した。父吉政は、筑後守任官と同時に従四位下に叙されていたことからすると、忠政も同時に従四位下に叙されたと考えられるが、現在のところそのことを明示する史料はみられないようである。

忠政はその後、元和六年（一六二〇）八月七日に死去した。継嗣がいなかったため、田中家は断絶し、領知は幕府に収公された。妻の家康養女も、おそらくは実家の兄の松平忠良のもとに戻ったとみられる。養女としての立場が、その後も継続されたのかはわからない。その後に松平成重《なりしげ》と再婚しているが、相手は単なる松平氏一族にすぎないことからすると、養女の立場は解消されていた可能性が高いと思われる。忠政とのあいだに子どもが生まれていれば、その後の田中家の行く末も大きく変わったことであろうし、その子に松平苗字が与えられた可能性もあったかもしれない。

慶長十二年（一六〇七）

⑰伊達忠宗（九歳）と家康五女市（一歳）　正月婚約・同十五年破談

⑱毛利秀就（一三歳）と秀忠養女（家康孫・松平秀康娘・一〇歳）　七月婚約・同十三年七月結婚

⑲堀忠俊（一二歳）と家康養女（家康外曾孫・本多忠政娘・一三歳）

これら三件については、すでに前章の伊達忠宗・毛利秀就・堀忠俊のところで取り上げているので、ここで具体的なことは繰り返さない。毛利秀就は、結婚から二ヶ月後に、松平苗字を与えられている。堀忠俊は、逆に松平苗字を与えられた翌年に、結婚している。ただしそれは、婚約がすでに成立されていた可能性はある。それにしてもこの場合は、結婚のほうがあとでおこなわれたという、唯一の事例になる。伊達忠宗は、婚約者の市が早世したため、この婚約は破談になるが、すぐに家康養女（のちに秀忠養女）と婚約し、それをうけて松平苗字を与えられている。これらは結婚と松平苗字授与とが、ほとんど一体化されていたといいうる。

慶長十三年（一六〇八）以前
⑳福島正長（一三歳以下）と家康養女（家康姪・松平康元娘）

福島正長（一五九六～一六〇八）は、羽柴家譜代系の安芸四〇万二千石の福島正則の嫡男。正則には、関ヶ原合戦直後までは、養嗣子の刑部大輔《ぎょうぶのたいふ》（正之《まさゆき》か）が嫡男として存在していたが、慶長六年（一六〇一）十二月以降に廃嫡されたとみなされ、同九年正月からは、実長男の正長が新たに嫡男としてみられるようになっている（拙著『羽柴を名乗った人々』）。正長は元服後は父正則と同じく羽柴苗字を称していて、「羽柴八助正長」を称している。

正長は家康養女と結婚するが、その時期は判明していない。「幕府祚胤伝」には、「御養女〈実御姪、満天姫《まて》〉松平因幡守康元女、慶長四年己亥《きがい》、御養女として福島八助正長〈後備後守忠勝〉と縁組み、忠勝卒後、同十六年辛亥《しんがい》六月廿五日、津軽越中守信枚《のぶひら》へ再嫁す」と記されている。正長は、一三歳の時の慶長十三年三月二十五日に死去してしまい（「福島家系譜」『広島県史　近世資料編Ⅱ』二二頁）、そのため家康養女・満天（葉縦院）は離縁されることになる。「幕府祚胤伝」では、結婚を慶長四年としているが、同年には正長はまだ四歳にすぎず、また正則の嫡男として義兄刑部大輔が健在であったため、それは考えられない。正長の年齢も考えると、結婚は、慶長九年頃に正長が正則の嫡男に取り決められてより以降のこと、と考えるのが妥当であろう。

ちなみにその慶長九年に、先に取り上げたように、正則は家康養女と結婚している。正長の結婚は、それをうけておこなわれたことがうかがわれる。そうすると家康は、父の正則と嫡男の正長に、相次いで養女と結婚させたことになる。この時期の正則は、羽柴家譜代系の外様国持大名の筆頭の立場にあった。そのことからすると、家康はこの時期、正則との関係の密接化を強く図っていたとみなされる。

なお「幕府祚胤伝」は、正長について、その後に正則の嫡男となった忠清（忠勝、慶長四年生まれ）と同一人ととらえているが、明らかな誤りである。また「慶長見聞録案紙」では、慶長十三年八月条（前掲刊本四三頁）に、「此の月、福島左衛門大夫子刑部〈先年死去〉妻室、芸州より下向す、是は内府様（家康）の御娘也、武州関宿城主松平因幡守康元娘也」と記していて、死去した正則の子を「刑部」としているが、これも明らかな誤りである。また正長妻が安芸から実家の下総関宿《せきやど》城に戻った時期についても、「当代記」には違う時期が記されている。

すなわち「当代記」慶長十三年四月二十三日条（前掲刊本一一四頁）では、「福島左衛門大夫息相果てらるるの間、先年遣わされし大御所（家康）めい、此のころ武州関宿へ芸州より下らる」とあり、正長妻が実家の下総関宿城に戻った時期を、四月のこととしている。正長の死去が三月であったから、こちらのほうが妥当とみなされる。なお「当代記」は、正長の死去の経緯について、次のように記している。前年慶長十二年冬のこととして、「福島左衛門大夫〈芸州・備後両国主〉息男乱行の間、押し籠《こ》められ、日ごろ道行く人を鉄炮《てつぽう》にて放ち懸け、人屋え同じく放ち入り、狼藉《ろうぜき》勝計すべからず、其の上父死にたるとて葬礼のまねをし、種々様々不思議共多しの間、父駿府へ使者をもって此《こ》の旨を言上し、殺害せらる」とある。

これによると正長の死去は、乱行のために正則に殺害された、というのである。時期は正長が死去する直前の出来事になっているので、時期は合致している。正則が正長殺害について、あらかじめ家康に連絡しているのは、正長が家康から承認をうけた嫡男であったこと、しかもその養女婿であったためと考えられる。家康に従う立場にあった正則としては、嫡男の廃嫡は家康の承認をうる必要があったためとみなされる。

ともかくも正則の嫡男で、家康養女婿であった正長は、わずか一三歳で死去した。満天と結婚してからも、それほど時期を経ないうちのことであったと推測される。当然ながら、両者のあいだには子どもはいなかったととらえられる。正長死去をうけて、満天は実家の関宿城に戻った。そして「幕府祚胤伝」によれば、それから三年後の慶長十六年に、陸奥津軽領の津軽信枚に再嫁した。津軽家の家格からすると、この時には家康養女の立場は解消されていた可能性が高いと思われる。寛永九年（一六三二）二月六日の秀忠の遺物分配をうけていないことからも、養女ではなくなっていたとみてよいであろう。

なお「福島家系譜」では、満天は、正長死後に新たに正則の嫡男になった忠清に再嫁したように記しているが、それは「当代記」「慶長見聞録案紙」の記事とは整合せず、誤りである。ちなみに満天の生年は判明していないが、津軽信枚とのあいだには、元和六年（一六二〇）に信枚次男の信英《のぶふさ》を産んでおり、その時の年齢を二〇歳とみると、生年は慶長六年と推測される。正長とは五歳違いになり、正長が死去した同十三年には八歳になる。そうするとそれよりも数年早い誕生とみなされるが、おおよそはそのくらいであったと思われる。その姉妹、すなわち松平康元の娘たちは、家康の養女とされて中村忠一・田中忠政の妻になっており、さらには長女とみなされる岡部長盛妻の娘も、家康養女とされて鍋島勝茂妻になっている。夫の年齢からみると、福島正長が最年少になるので、満天は父康元の末娘あたりに位置し、その晩年の生まれであったように思われる。

正長の死去、満天の離縁により、福島家と密接な関係を構築しようという家康の意図は潰《つい》えた。新たに正則の嫡男になった忠清とのあいだに、新たな婚姻関係を形成した形跡はない。忠清は、正則が改易された元和五年には、二一歳であったから、その後も福島家が存続していれば、新たな婚姻関係の形成もみられたかもしれないが、その機会がないうちに、福島家は没落してしまったのであった。

年不明

㉑加藤明成と秀忠養女（家康姪・保科正直娘）

加藤明成（一五九二〜一六六一）は、羽柴家譜代系の伊予松山領一九万一六〇〇石の加藤左馬助嘉明の嫡男で、式部少輔を称した。結婚については、江戸時代成立史料でも詳しいことは不明とされて、「幕府祚胤伝」でも詳細不明の家康の「御養女」として「加藤式部少輔明成室」があげられているにすぎない。「寛政重修諸家譜」（巻二五〇）保科系図により、保科正直の四女としてあげられていることから、正直の娘であることがわかる。

保科正直の後妻は、久松長家《ながいえ》の娘（多劫《たけ》・長元院、一五五三〜一六一八）で、家康の同母妹にあたった。そのため正直・多劫の子どもは、家康には甥・姪にあたる。その長女が家康養女となった黒田長政妻（栄）であった。次女・安部《あべ》摂津守信盛《のぶもり》（徳川家大番頭四千石）妻、三女・小出《こいで》大和守《やまとのかみ》吉英《よしひで》（和泉岸和田領三万石）妻も、「幕府祚胤伝」では、いずれも家康養女としてあげられている。このうち安部信盛妻が、家康養女であることを示す他の徴証はないが、小出吉英妻・加藤明成妻については、寛永九年（一六三二）二月六日に秀忠の遺物分配をうけていることから、家康ないし秀忠の養女であったことが確認されている。そのうち小出吉英妻は家康の養女であるのに対して、加藤明成妻は、記載位置と分配内容から、秀忠養女とみなされることが指摘されており（福田千鶴『徳川秀忠』）、ここでもその指摘に従う。

明成妻が、黒田長政妻よりも年少であれば、その生年は天正十三年（一五八五）以降とみなされる。同母きょうだいとして他に、同十六年生まれの正貞《まささだ》、文禄四年（一五九五）生まれの正勝（のち北条氏重《うじしげ》）がいるので、生年は文禄二年頃であったろうか。その場合は、明成とはほぼ同年齢であったことになる。さらにその場合、姉・栄と同じ一六歳で結婚したとみると、結婚は慶長八年（一六〇三）頃のことと推定される。しかしその時期であったなら、家康養女とされたと考えられ、秀忠養女であったとすれば、それは同十年以降の可能性が高いとみなされる。かりに結婚が同年のこととすると、明成は一四歳、明成妻は一三歳くらいであり、年齢からみてもおおよそ妥当な時期と思われる。この時期、家康は、有馬豊氏・山内忠義・鍋島勝茂・福島正則・中村忠一などの羽柴家譜代系の国持大名と、相次いで婚姻関係を結んでいるので、そうした情勢からも合致するとみなされる。

加藤家はその後、寛永四年（一六二七）の蒲生忠郷死去にともなって、陸奥会津領四〇万石に転封されて、大大名の一つとなった。嘉明はまた、それ以前の元和九年（一六二三）閏《うるう》八月二十三日に従四位下に叙され、寛永三年八月十九日に侍従に任官して、公家成大名とされ、名実ともに有力大名の一人になっていた。明成は、同八年（一六三一）の父嘉明の死去によって、その領知の陸奥会津四〇万石を継承した。同十一年七月二十二日に従四位下・侍従に叙任され、父嘉明と同じく公家成大名とされた。明成は万治四年（一六六一）まで生存するが、明成妻の動向は判明せず、死去年も明確ではないようである。先に触れたように、寛永九年に秀忠の遺物分配をうけていることから、その時までは生存していたことが知られる。両者のあいだには子どもも生まれていなかったとみなされ、明成死去後は、庶長子の明友《あきとも》が家督を継承している。

この場合も、明成妻に子どもが生まれていれば、その後の加藤家の動向は異なるものになったであろうし、場合によっては松平苗字を与えられたかもしれない。

慶長十四年（一六〇九）

㉒細川忠利《ただとし》（二四歳）と秀忠養女（家康外曾孫・小笠原秀政娘・一三歳）四月結婚

細川忠利（一五八六〜一六四一）は、豊前中津領三〇万石の細川越中守忠興（羽柴越中守・豊前宰相）の三男で嫡男。慶長五年（一六〇〇）正月に、元服前で幼名光を称していた一五歳の時に、父忠興が家康に従属したことにともなう人質として、江戸に送られて、関ヶ原合戦では秀忠に従軍した。この時には、細川家はまだ長岡苗字を称していた。戦中の八月二十一日に、秀忠のもとで元服し、官途名《かんどめい》内記を与えられ、「長岡内記」を称し、また「忠」字の偏諱を与えられて、実名は「忠辰《ただとき》」を名乗った。その時の一字書出《いちじかきだし》が次のものである。

徳川秀忠一字書出写（「綿考輯録《めんこうしゅうろく》」汲古書院刊本四巻五頁）

忠

慶長五

八月廿一日　　秀忠書判

長岡内記殿

なお実名忠辰については、翌同六年五月三日付で、「内記忠辰」と署名している書状の存在が知られている（前掲刊本六頁）。

関ヶ原合戦の戦功により、父忠興は豊前中津三〇万石を領知した。合戦時までは、長男忠隆《ただたか》（羽柴与一郎・丹後侍従）が嫡男であったが、豊前国替えを機に廃嫡され、代わって忠利が嫡男とされた。忠利は、同八年に、秀忠の命によって、本苗字を「長岡」から「細川」に改称したことが伝えられている（前掲刊本一五頁）。この細川家は、祖父藤孝《ふじたか》の時に、室町幕府直臣から織田信長家臣に立場を変えたのにともなって、細川苗字から長岡苗字に改称していた。その一方で父忠興は、室町幕府管領細川家の一族で、「大外様」の家格にあった細川奥州家の細川輝経《てるつね》の家督を継承していて、父藤孝の細川家（近江佐々木大原《おおはら》氏の一族が室町幕府将軍から細川苗字を与えられたもの）とは「別家」と認識していた。ここでの苗字改称は、このことに基づいたものと考えられる。実際に忠興も、慶長十二年には細川苗字で称されている事例が確認され、改称がこの頃のことであったことがうかがわれる（拙著『羽柴を名乗った人々』）。ただし忠興は、元和元年（一六一五）の大坂の陣による羽柴家の滅亡までは、公的には羽柴苗字を称し続けている。

慶長九年八月二十六日に、忠利は家康・秀忠から、忠興嫡男の立場を認められている。その時の御内書が残されている。

徳川家康御内書写（「綿考輯録」前掲刊本一七頁）

豊前宰相家督の儀、忠興内存に任せて、其方に諸職を申しつけらるべき者也、

慶長九年

八月廿六日　　　「家康公ノ」御判

「忠興三男」

内記とのへ

徳川秀忠判物写（「綿考輯録」前掲刊本一八頁）

豊前宰相忠興家督の所、全く相違に背くべからざる者也、

慶長九年

八月廿六日　「秀忠公ノ」御判

「忠興三男」

内記とのへ

この時、忠興は重病に陥っていたため、あらかじめ家康に忠利への家督継承について承認を求めたことによる。幸い忠興は快復し、それにともなって忠利は、人質の立場を解消されて、中津領に初めて入部したという。そして同十年四月八日、秀忠の将軍任官にともなう参内にあたって、従四位下・侍従に叙任されて、公家成大名とされた。これにより「豊前侍従」を称した。またこの時までに、実名を「忠利」に改名している。またその時の口宣案《くぜんあん》は、四月八日付と同二十二日付で出されている（前掲刊本一八〜九頁）。ちなみにこの時の叙任は、まず八日に「源忠利」を従五位下に叙し、そのうえで侍従に任じ、さらに正五位下に昇進させたうえで、二十二日に従四位下に昇進させる、という手続きが取られていて、それに関わる口宣案が三通残されている。

この時の忠利は、国持大名家の嫡男の立場でしかなかったが、この時期に嫡男の立場で公家成大名にされている者には、同日に公家成大名にされた池田照直（利隆）と最上家親がみられたにすぎない。池田家（播磨・備前八〇万石）・最上家（出羽山形五七万石）は、ともに関ヶ原合戦で家康に大きく貢献し、それにより大大名とされた存在になる。ここで細川家も同様に扱われていたことがわかる。この時に、公家成大名にすることができる年齢にあった嫡男が存在していたことで、そのような措置がとられたととらえられる。

そして慶長十四年三月一日に、家康の外曾孫にあたる小笠原信濃守秀政の次女・千代《ちよ》（保寿院《ほうじゅいん》、一五九七～一六四九）が、秀忠の養女とされて、忠利と結婚すること、翌月下旬に彼女は豊前に赴くことが取り決められた。「当代記」（前掲刊本一四八頁）には、「小笠原信濃守（秀政）〈時に信州飯田城主〉女を将軍養子し給う、長岡越中守〈時に豊前国主〉男妻子として遣わさる、来月下旬に九州へ着船たるべきか」とあり、「慶長見聞録案紙」（前掲刊本五四頁）には、「小笠原兵部大輔（秀政）〈信州飯田城主也〉娘、将軍様御養子に成され、細川越中守〈忠興、豊前小倉城主也〉息男へ嫁がれ、豊前国へ遣わさる」とある。なお「綿考輯録」は、この婚約を慶長十三年のこととしているが、誤認とみなされる。

慶長十四年三月二十三日に、千代は江戸から伏見に赴き、そのうえで豊前中津に赴いて、四月二十四日に結婚した（「綿考輯録」前掲刊本二〇～一頁）。忠利と千代のあいだには、元和五年（一六一九）に嫡男・光尚《みつなお》（はじめ光利・光貞《みつさだ》）が生まれている。結婚から一〇年後になるから、両者のあいだにはなかなか子どもが生まれなかったか、もしくは成長しなかった状況がうかがわれる。「綿考輯録」（前掲刊本七巻三頁）では、慶長十五～七年頃に、第一子「光千代」が生まれたこと、元和二年に生まれた子に「辰」字を名付けようとしていること、同三年に娘・亀が存在していたこと、その他に、娘・福（庶出とみなしている）が存在していたことなどを記している。そうであれば光尚は、男子としては三男にあたり、忠利の子としても第四子もしくは第五子であったが、兄が成長しなかったため、嫡男にされた存在であったとみなされる。忠利の子どもについては、今後検討していく必要があろう。

　元和七年正月二日、父忠興の隠居にともなって、忠利がその家督と領知を継承し、将軍秀忠から認められた。翌同八年十二月（十四日から二十三日のあいだ）に、秀忠から受領名越中守を与えられて、「細川越中守」を称した（前掲刊本四巻六三頁）。この受領名は父忠興が称していたものであり、忠興は隠居にともなって出家し、三斎宗立《さんさいそうりゅう》を称したので、忠利は越中守の通称を襲名したものになる。忠利は、寛永三年（一六二六）八月十九日に従四位上・左近衛権少将に昇進した（前掲刊本一三〇頁）。これにより「豊前少将」を称した。またこの官位は、外様国持大名としては、中納言の前田利常・伊達政宗・島津家久、参議の池田忠雄・蒲生忠郷、左中将の森忠政・佐竹義宣に次ぐものであり、同じ左少将に任じられたものに、京極忠高・上杉定勝（景勝の子）・池田光政・藤堂高虎がいた。細川家の政治的地位が、備前池田家・蒲生家に次ぐ地位にあったことがわかる。

同九年十月に、肥後加藤家の改易をうけて、肥後五四万石に転封された。これにより忠利は、肥後一国を領知する国持大名になり、以後は「肥後少将」を称した。しかもこの領知高は、外様国持大名としては、前田・伊達・島津各家に次ぐ大規模なものになる。同十二年七月二十三日に、嫡男・六《ろく》が元服し、従四位下・侍従・肥後守に叙任され、将軍家光から「光」字の偏諱を与えられて、「細川肥後守光利《みつとし》」「肥後侍従」を称した（前掲刊本七巻一一～二頁）。これにより細川家も、領国受領名を称するようになった。なお光尚は、最初の実名を「光利」といったが、同十八年に「光貞」に、同十九年に「光尚」に改名している。光尚は、国持大名家の嫡男の立場ながらも、元服とともに公家成大名とされている。こうした事例は、それまでは前田光高（但し初官は左少将）の事例があるにすぎないから、やはり細川家の家格は高く位置付けられていたとみなされる。ちなみにこののちにおいて、嫡男が元服時に公家成大名にされるのは、この細川家のほか、伊達・島津・備前池田・因幡池田・毛利各家にみられていくようになる。

忠利は、同十八年三月十七日に五五歳で死去した。家督と領知は光尚に継承された。忠利は秀忠の養女婿、嫡男の光尚はその所生であり、かつ伊達・島津・備前池田・因幡池田・毛利各家という、いずれも松平苗字を与えられている国持大名家と同等の家格に位置付けられていた。したがって忠利ないし光尚が、松平苗字を与えられても不思議ではなかった。与えられる契機としては、慶長十四年の結婚後、元和八年の越中守受領、寛永十二年の嫡男・光尚の元服の際が、有力な候補であったと想定される。しかし結果として、細川家は松平苗字を与えられることはなかった。

慶長十四年頃

㉓京極忠高（一七歳）と秀忠四女初（七歳）

京極忠高（一五九三～一六三七）は、羽柴家親類衆の若狭九万二千石の京極高次（若狭宰相）の嫡男。養母は、秀忠妻・江《ごう》の姉・初《はつ》（常高院《じょうこういん》）であり、秀忠夫妻の甥にあたる。慶長八年（一六〇三）に、秀忠四女・初（興安院《こうあんいん》、一六〇三～三〇）が生まれた際に、常高院は初をもらい受け、嫡男忠高の妻にすることにした。なお初の生年については、「幕府祚胤伝」（前掲刊本六三頁）などでは、前年の慶長七年としているが、「渓心院文」により、同八年に伏見で誕生したことが明らかである（福田千鶴『江の生涯』）。

忠高と初の結婚時期は判明していない。両者のあいだには、子どもはうまれなかった。忠高は、慶長八年二月十日に、一一歳で、江戸で秀忠のもとで元服し、秀忠から「忠」字の偏諱と従五位下・若狭守を与えられ、「京極若狭守忠高」を称した（「京極御系図」『新編丸亀市史4』所収など）。ここに若狭京極家も、領国受領名を称するものとなっている。同十一年三月三日に従五位下・侍従に叙任されて、公家成大名とされ、これにより「若狭侍従」を称した。次いで同年五月七日に従四位下に昇進された。その時の口宣案・宣旨が四通残されている（『豊臣期武家口宣案集』四八五号・『新編香川叢書史料篇（二）』四四一〜三頁）。

同十四年五月に父高次が死去したことにともなって、その家督と領知を継承し、若狭一国の国持大名家の当主になった。初との結婚は、初がこの時に七歳であったことからすると、この家督継承後の可能性が高いと思われる。寛永元年（一六二四）に越前敦賀《つるが》郡二万一五〇〇石を加増されて、あわせて一一万三五〇〇石を領知した。ここに領知高一〇万石を超える有力大名とされた。同三年八月十九日に従四位上・左近衛権少将に昇進された。そのうち任左少将の口宣案が残されている（前掲書四四三〜四頁）。

そうしたところに同七年三月四日に、妻の初が二八歳で死去してしまった。これにより若狭京極家と徳川将軍家の婚姻関係は断絶した。しかしその後も、将軍家親類として扱われ、同十一年に、前年の出雲堀尾家改易をうけて、出雲・隠岐二六万四二〇〇石を与えられた。ところが同十四年六月十二日に四五歳で死去した。後嗣がいなかったため、出雲・隠岐の領知は収公され、弟高政の子高和《たかかず》に家督と播磨竜野《たつの》六万石が与えられた。

忠高は、秀忠の娘婿であったから、前田利光（利常）のように松平苗字を与えられても不思議ではない。しかし結果としては、与えられていない。

慶長十五年（一六一〇）

㉔堀尾忠晴（一二歳）と秀忠養女（家康義外曾孫・奥平家昌娘・四歳）六月結婚

堀尾忠晴（一五九九〜一六三三）は、羽柴家譜代系の出雲・隠岐二三万五千石の堀尾出雲守忠氏の嫡男。慶長九年（一六〇四）に父忠氏が死去したことにより、家督を継いだが、まだ六歳で幼名三之助を称していたにすぎなかったため、祖父吉晴《よしはる》が家政を担った。同十五年六月十三日に、家康の外曾孫にあたる、奥平大膳大夫家昌の娘（ビン・雲松院、一六〇七〜五〇）が秀忠の養女にされ、同月に忠晴と結婚した。「慶長見聞録案紙」六月十三日条（前掲刊本六八頁）に、「奥平大膳大夫〈家昌〉娘〈是は内府様御曾孫女也〉下野国宇都宮より江戸へ参上、今日登城す、将軍様より白銀三百枚下さる、是は出雲国堀尾出雲守忠氏幼息へ縁組みの儀、両御所様より仰せ出さるる也」、「当代記」六月二十四日条（前掲刊本一六六頁）に、「宇都宮大膳女、今日駿府に着す、是は両御所命に依り、出雲国堀尾幼息に嫁がせしむる也、是大御所彦也」とある。

雲松院は、奥平家昌の娘で、家昌の母は、家康長女・亀であったから、雲松院は家康の外曾孫にあたる。ただし家昌の実母が亀であったかは、確定できないと考える。奥平家昌の兄弟のうち、亀所生が確実な弟家治・忠政・忠明（清匡《きよただ》）はすべて家康から松平苗字を与えられているのに対し、家昌のみ松平苗字を与えられておらず、さらに関ヶ原合戦後は、父信昌とは別家を立てているからである。そのため私は、家昌は亀の実子ではなかった可能性が高い、とみている（拙著『家康の正妻　築山殿』）。

しかしながら家昌は、家康の外孫として扱われていたのであろう、それにより娘が秀忠の養女にもされたと思われる。結婚の具体的な日付は判明しないが、雲松院は六月二十四日に駿府に出仕し、それから出雲に赴いたのだろうと思われる。「幕府祚胤伝」では、徳川家旗本鵜殿《うどの》兵庫頭氏長《うじなが》が輿添《こしぞ》えして出雲松江に赴いたと記している（前掲刊本六七頁）。また『中津藩史』では、家康はビンを可愛がり、数十日を留《とど》めて、奥平家家臣山崎左近らが輿添えして出雲に赴いた、と記している（同書二六九頁）。

忠晴は、翌同十六年三月十一日に、一三歳で元服し、秀忠から従五位下・出雲守・「忠」字の偏諱を与えられて、「堀尾出雲守忠晴」を称した（「寛政重修諸家譜」『大日本史料』一二編二冊四五九頁）。寛永三年（一六二六）八月十九日に、従五位下・侍従に叙任され、公家成大名とされた。これにより「出雲侍従」を称した。しかし同十年九月二十日に三五歳で死去した。後嗣がいなかったため、堀尾家は断絶した。妻の雲松院は実家の奥平家に戻り、慶安三年（一六五〇）閏十月二十六日に四四歳で死去した（前掲「幕府祚胤伝」）。

ただし雲松院は、寛永九年の秀忠の遺物分配をうけていない。その時点では、堀尾家は健在であり、また婚儀では鵜殿氏長が輿添えしていることからすると、彼女が秀忠養女として忠晴と結婚したことは、確実ととらえられる。にもかかわらず、彼女が秀忠の遺物分配をうけていない理由は不明である。この忠晴の場合も、結婚後に松平苗字を与えられても不思議ではないと思われる。しかし結果として、忠晴は松平苗字を与えられていない。

㉕家康九男義利（義直・一一歳）と浅野幸長娘（八歳）婚約・元和元年四月結婚

家康九男義利（もと義知、のち義直、一六〇〇～五〇）と、羽柴家譜代系の紀伊三七万四千石の浅野紀伊守幸長の娘（春《はる》・高原院、一六〇三～三七）の婚約が、慶長十五年に取り決められている。「編年大略」では、慶長十五年に婚約が披露されたとするものの、すでにそれは、同八年に春が誕生した年に、「お結び名付けの御沙汰」とあり、その時に取り決められていたことが記されている（『大日本史料』一二編七冊八八一頁）。義利は四歳、春は一歳の時のことになる。また「幕府祚胤伝」では、慶長十四年十一月に婚約が成立したと記している（前掲刊本四二頁）。そして再び「編年大略」をみると、縁組みについては、「表向き御披露これ無き由、今年（慶長十五年）表向き決し、御縁組み御披露これ有り」と記されていて、それまでに取り決められていたが、慶長十五年に公表されたと記している。

婚約の成立が、慶長十四年なのか同十五年なのか確定できないが、家康が将軍任官後の早い時期から、浅野家との婚姻関係の形成を図っていたことがうかがわれ、春の成長によってようやく正式に取り決めたのだろうと思われる。義利は、慶長八年に甲斐二五万石を与えられて、領国大名とされ、同十一年に従四位下・左近衛権少将・右兵衛督《ひょうえのかみ》に叙任されて、公家成大名とされていた。これにより「甲斐少将」を称し、また当初から徳川苗字を称している。すでに兄忠輝よりも高い政治的地位を与えられている。さらに同十二年に兄忠吉の遺領を継承して尾張四三万石を領知し、それにより「尾張少将」を称し、同十六年に正四位下・右近衛権中将・参議に叙任されて、有力国持大名になっている。これにより「尾張宰相」を称し、徳川家一門大名の筆頭に位置した。わずか一一歳でのことになる。

浅野幸長は同十八年に死去し、男子がいなかったため、弟但馬守長晟が家督と領知を継承した。義利と春の婚約も継続され、元和元年（一六一五）四月十二日に、尾張名古屋城で、家康の臨席のもと結婚した（「駿府記」前掲刊本二九九頁）。「戌刻、宰相殿御内室熱田より御輿入れ」とある。義利は一六歳、春は一三歳であった。しかし両者のあいだには子どもは生まれず、春は寛永十四年（一六三七）四月三日に三五歳で死去している。

義利には、寛永二年生まれの庶出の光義《みつよし》（光友《みつとも》）がいた。幼名を蔵人、次いで出雲を称し、同十年正月に五郎八に改名している（『源敬様御代御記録《げんけいさまおんだいごきろく》』二巻六七頁）。これは光義を嫡男に定めたことを意味しよう。春はこの時、三〇歳を過ぎていることからすると、春に嫡出子の誕生を期待できなくなったため、庶出の五郎八を嫡男に取り立てた、と考えられる。ちなみに五郎八は、同年十二月に将軍家光のもとで元服し、従四位下・官途名右兵衛督・「光」字の偏諱を与えられた。この年七月の時点では、「松平五郎八」としてみえているので（野口前掲書）、この元服を機に、家光から徳川苗字を認められて、「徳川右兵衛督光義」を称したとみなされる。

㉖家康十男頼将（頼宣・九歳）と加藤清正娘（一〇歳）九月婚約・元和三年正月結婚

家康十男頼将（のち頼信・頼宣、一六〇二～七一）と、羽柴家譜代系の肥後五二万石の加藤清正の娘（八十・瑤林院、一六〇一～六六）の婚約が、慶長十五年九月に取り決められている（「徳川（和歌山）家譜」『大日本史料』一二編七冊七二三頁）。「紀藩無名書」によれば、前年に家康が取り決め、この同十五年九月に、頼将家老の三浦《みうら》長門守為春《ためはる》を肥後に派遣したという（前掲書七二三頁）。

頼将は、慶長八年に兄万千代（信吉）の遺領を継承して常陸水戸領二〇万石を領知し、領国大名とされ、同十一年に兄義利（義直）とともに元服して、従四位下・左近衛権少将・常陸介に叙任されて、公家成大名とされていた。これにより「水戸少将」を称した。これは兄義利と同等であったので、頼将も当初から徳川苗字を称したとみなされる。同十四年に駿河・遠江三〇万石に転封された。家康が、頼将と加藤清正娘・八十との婚約を図ったのは、羽柴家譜代系の有力国持大名である加藤家と、親密な関係の形成を図ってのことであろう。すでに加藤清正には、同四年に養女（水野忠重娘・かなヵ・清浄院）と結婚させていて、そのあいだに同六年に八十が生まれている。その八十を、頼将と結婚させることで、加藤家との婚姻関係をさらに強固なものにしようとしたととらえられる。

頼将は、同十六年に兄義利とともに正四位下・右近衛権中将・参議に叙任されて、有力国持大名となり、「遠江宰相」を称した。同年六月に加藤清正は死去し、家督は庶出の忠広に継承され、この婚約も継続された。そして元和三年（一六一七）正月二十二日に結婚した（「南紀徳川史」『大日本史料』一二編二六冊五〇五頁）。なおその際に、八十は、母清浄院の兄水野《みずの》勝成《かつなり》の養女にされたことが伝えられている（「寛政重修諸家譜」「水野本系図」水野勝之・福田正秀『加藤清正「妻子」の研究』）。

頼将は一六歳、八十は一七歳であった。しかし両者のあいだには、子どもは生まれていない。頼将には、寛永三年（一六二六）生まれの庶出子の光貞がいた。その年に八十は二六歳になっている。そして同七年十二月には、光貞は幼名長福丸を称していて、これは頼将の幼名を襲名していることから、嫡男に定められていたことを示している（『源敬様御代御記録』一巻二七二頁）。八十に子どもが生まれないと考えられたためとみなされる。そして光貞とは養子縁組みが結ばれたと考えられる。他に頼将の庶出の娘・茶々（芳心院《ほうしんいん》・池田光仲妻）も、その子池田綱清は八十について「祖母」と記しているので（水野勝之・福田正秀『続加藤清正「妻子」の研究』）、養子縁組みが結ばれたと考えられる。

ちなみに光貞は、寛永九年七月七日に将軍家光のもとで元服し、従四位下・受領名常陸介・「光」字の偏諱を与えられて、「松平常陸介光貞」を称した（『源敬様御代御記録』二巻五〇頁）。同十年正月の時点では、まだ松平苗字を称しているが、同年七月には徳川苗字を称していて（野口前掲書）、そのあいだに家光から徳川苗字を認められたとみなされる。

年不明

㉗京極高広と秀忠養女（家康外孫・池田輝政娘）

京極高広（一五九九〜一六七七）は、羽柴家親類衆出身で丹後一二万三千石の京極丹後守高知（羽柴丹後守・丹後侍従）の嫡男。この婚姻については、「幕府祚胤伝」にも記されていない。しかし寛永九年（一六三二）の秀忠の遺物分配をうけているものとして、秀忠養女があげられているなかに、「京極丹後守室」として、京極高広妻があげられていることから、京極高広妻が、秀忠養女として結婚したことを確認できる（福田『徳川秀忠』）。

秀忠養女とされた高広妻は、池田輝政の長女・寿光院（一五九六〜一六五九）で、母は家康次女・督である。したがって寿光院は、家康の外孫、秀忠の姪にあたった。なお次に取り上げる伊達忠宗妻・振は、その妹にあたるから、寿光院の婚約・結婚は、振が婚約した慶長十六年（一六一一）より以前のこととらえられるので、ここで取り上げることにする。なお福田千鶴氏（『徳川秀忠』）は、寿光院・振の母について、「寛政重修諸家譜」では督と記されておらず、「某氏」と記されていることから、母は督ではないととらえているが、督と結婚しているなかで、かつ督が出産を続けているなかで、輝政が妾《めかけ》を持つ要因は考えられないので、二人の娘は督の実子ととらえてよいと考えられる。

高広は、慶長十六年に京都二条城で初めて家康に出仕した、と伝えられているので

（「寛政重修諸家譜」巻四二〇）、秀忠養女との結婚はそれ以後のことと考えられる。この時、高広は一三歳、寿光院は一六歳である。寿光院の年齢を考えると、この年に結婚がおこなわれた可能性が高いとみなされる。両者のあいだには、某年に長女（松平定頼妻）、元和二年（一六一六）に長男・高国《たかくに》、某年に次女（九鬼《くき》貞隆妻）、同六年に次男・高勝、同九年に三男・高治が生まれている（前掲「寛政重修諸家譜」）。これら子どもの出生状況からすると、結婚は遅くても慶長十八年にはおこなわれていたと推定される。

高広の元服時期も判明していないが、一五歳であれば慶長十八年とみられる。実際に、同年七月二十七日の、岳父にあたる池田輝政の遺物分配において、父高知の「羽柴丹後守殿」に続いて、「同采女殿」と、高広の名があがっている（『姫路城史上巻』六五一頁）。「采女」は正しくは「采女正《うねめのかみ》」で、これにより高広は、この時までに元服していたこと、元服にともなって従五位下・采女正を与えられたことが確認される。さらには羽柴苗字を称していたことも確認される。なおこれについては、拙著『羽柴を名乗った人々』では、典拠史料を失念していたため取り上げることができていなかったので、ここにそのことを明示しておきたい。次いで「駿府記」慶長十九年十月二十六日条（前掲刊本二七八頁）に、「京極采女正」が家康に出仕したことがみえている。ここでは京極苗字で記されているが、正しくは羽柴苗字であったとみなされる。

元和元年の大坂の陣による羽柴家滅亡にともなって、父高知ともに、羽柴苗字を廃して、京極苗字を称した。同二年十二月二十六日に従四位下・侍従に叙任され、公家成大名とされている。これにより「丹後侍従」を称した。嫡男の立場での公家成は、丹後京極家の家格が比較的高く位置付けられていたことを示している。同八年八月の父高知の死去により、家督を継承するが、領知については弟の高三《たかみつ》と妹婿の高通《たかみち》に分知されたため、宮津七万八二〇〇石を継承した。これにともなって受領名丹後守を与えられ、父の通称を継承して、「京極丹後守」を称した。

秀忠養女と結婚し、そのあいだに嫡男も生まれていることからすると、高広も結婚後、あるいは公家成後に、松平苗字を与えられても不思議ではないように思われる。しかし結果として、松平苗字を与えられていない。その後、高広は、承応三年（一六五四）四月に家督を嫡男の高国に譲って隠居したが、寛文六年（一六六六）五月、高国との政治対立の結果、改易され、丹後京極家は断絶した。

慶長十六年（一六一一）
㉘伊達忠宗（一三歳）と家康養女（のち秀忠養女・家康外孫・池田輝政娘・五歳）四月婚約・元和三年十二月結婚

前章の伊達忠宗のところで取り上げているので、ここで具体的なことは繰り返さない。妻の池田輝政の次女・振は、婚約時には家康養女とされたが、結婚時には、すでに家康が死去していたため、秀忠の養女にあらためられている。母は家康次女・督とみなされるので、家康の外孫、秀忠の姪にあたる。婚約から結婚まで六年の期間があるが、その時には忠宗は一九歳、振は一一歳になっている。振の成長が待たれたためと考えられる。

両者のあいだには、元和九年（一六二三）に長女・鍋《なべ》（立花忠茂《たちばなただしげ》妻）、寛永元年（一六二四）に長男・虎千代丸（早世）、同四年に次男・光宗が生まれている。光宗が嫡男に定められるが、忠宗よりも前に死去したため、忠宗の家督は庶出の綱宗に継承されることになる。

慶長十七年（一六一二）

㉙黒田忠長（忠之・一一歳）と秀忠養女（家康外曾孫・大久保《おおくぼ》忠常《ただつね》娘）婚約・同十八年破談

前章の黒田忠長（忠之）のところで取り上げているので、具体的なことは繰り返さない。婚約者は徳川家家老・大久保忠常の娘で、その母は、家康養女とされた奥平信昌の娘・千《せん》（永久院殿、一五八二～一六四三）であるから、家康の外曾孫にあたった。しかしすぐに破談になっているので、忠常娘について具体的なことは特定できない。ちなみに大久保忠常の娘には、すでに結婚している里見忠義妻のほか、本多重能《しげよし》妻と片桐貞昌《かたぎりさだまさ》妻の存在が知られているので、あるいはいずれかにあたるのかもしれない。

ちなみに大久保忠常妻・千は、寛永九年（一六三二）の秀忠の遺物分配をうけているので、終生、家康養女とされていたことがわかる。

慶長十九年（一六一四）

㉚加藤忠広（一四歳）と秀忠養女（家康外孫・蒲生秀行娘・一三歳）四月結婚

加藤忠広（一六〇一〜五三）は、羽柴家譜代系の肥後五四万石の加藤肥後守清正の三男で嫡男。関ヶ原合戦後当初は、清正は次男・清孝を嫡男としていたが、清孝が慶長十二年（一六〇七）に死去したため、三男・忠広（当時は幼名虎藤、のち虎之介）が嫡男とされた。同十六年六月の父清正の死去にともなって、家督と領知の継承を認められ、肥後一国の国持大名家の当主になった。同十七年四月一日、家督相続後に初めて家康に出仕し、家督・領知の継承をあらためて認められ、次いで江戸に赴いて秀忠に出仕した（「当代記」前掲刊本一七九頁）。それは六月六日のことと推定されていて（福田千鶴「加藤忠廣の基礎的研究」）、秀忠のもとで元服し、従五位下・肥後守・「忠」字の偏諱を与えられて、「加藤肥後守忠広」を称した。そして同年六月十四日付で、秀忠から領知安堵の朱印状（「下川文書」『大日本史料』一二編八冊三二七頁）を与えられている。

そして同十九年二月には、忠広は、家康の外孫で蒲生秀行の娘（琴・宗法院、一六〇二〜五六）と婚約していて、四月初めに婚儀がおこなわれる予定にあったことが確認される（「細川家記」『大日本史料』一二編一三冊一〇〇二頁）。「幕府祚胤伝」（前掲刊本六八頁）では、婚約を前年の二月十五日のこととしているが、正しくはこの同十九年とみるのが妥当であろう。そして同史料では、婚儀は四月十一日におこなわれたと記している。妻の琴は、家康三女・振の娘であったから、家康には外孫、秀忠には姪にあたった。それを秀忠の養女として、忠広と結婚させた。すでに父清正も家康養女と結婚して、徳川将軍家の娘婿となっていたが、ここに忠広も、同様に徳川将軍家の娘婿となった。両者のあいだには、元和二年（一六一六）に嫡男の光正《みつまさ》が生まれている。

忠広は、寛永三年（一六二六）八月十九日に、従四位下・侍従に叙任されて、公家成大名とされた。これは先にも触れたように、羽柴家譜代系の国持大名が、ほとんどすべて同時に公家成大名とされたものであった。これにより「肥後侍従」を称した。同七年に、嫡男虎松は、一五歳で、将軍家光のもとで元服し、家光から松平苗字・従五位下・豊後守・「光」字の偏諱を与えられて、「松平豊後守光正」を称した。これについては、同八年二月十四日付三郎丸能治書状に「虎松様御元服、殊に以て松平豊後守に任ぜらる」、「加藤家滅亡之節被仰渡之覚」に「忠広嫡子光正十五歳、松平豊後守」などとある（拙著『近世初期大名の身分秩序と文書』三五頁）。またここで光正に与えられた受領名は、豊後守であった。加藤家の領国受領名である肥後守は、当主忠広が称していた。加藤家の領知には、豊後二万石が含まれていたので、そのため光正には同国の受領名が与えられた、と考えられる。

これにより加藤家も、松平苗字を与えられるものとなった。新たな家への松平苗字の授与としては、これは最後の事例になっている。ここで光正が松平苗字を与えられているのは、母が家康外孫であったから、すなわち家康の外曾孫にあたっていて、家康の血統を引いていること、そして加藤家が、外様有力国持大名であったためと考えられる。家康の外曾孫の男子というだけであれば、他にも存在しているので、そのなかで松平苗字を与えられているのは、国持大名家に限られている。したがって光正に松平苗字が与えられたのは、家康の血統を引いていることと、国持大名家の嫡男であったことによったと考えられる。

しかし忠広は、同九年五月に、忠広・光正父子の不行状により改易とされ、出羽庄内に配流され、肥後加藤家は断絶した。琴は忠広とは離婚したとみられ、その後は京都で蟄居《ちっきょ》したと伝えられている（前掲「幕府祚胤伝」）。

元和元年（一六一五）

㉛浅野長晟（三〇歳）と家康三女振（一七歳）　十二月婚約・同二年正月結婚

浅野長晟（一五八六～一六三二）は、羽柴家譜代系の紀伊三七万四千石の国持大名で、但馬守を称した。前代の浅野幸長の弟で、兄の死去により家督と領知を継承していた。その時点で二八歳になっていたから、すでに結婚していたとみなされるものの、それについては伝えられていない。慶長十九年に長男・長治《ながはる》が生まれている。母はおそらく妾であったとみられる。

元和元年（一六一五）十二月十七日に、家康は蒲生秀行後室の立場にあった三女・振を、浅野長晟と結婚させることを取り決めたらしく（「本光国師日記」）、同月二十四日に秀忠から長晟に、振との結婚を命じ、翌同二年正月十九日に婚儀がおこなわれたことが確認されている（「済美録《せいびろく》」・尾下前掲論文）。これは徳川将軍家と浅野家との婚姻関係としては、家康九男の義直と浅野幸長娘の婚姻以来のものであるが、すでに徳川義直は別家として存在するようになっていたから、これはあらためての形成という性格にあったとみなされる。また浅野家に徳川将軍家の娘が嫁したものとしては、初めてになる。

それだけでなく、この時の振は、蒲生秀行後室として蒲生家にあり、蒲生家当主は実子の忠郷で、振は忠郷の家政を後見していた。振のこの結婚は、蒲生家から離縁したうえでおこなわれたものになる。それが振の意志であるはずはないから、家康の意図によることは明らかであろう。そうすると家康は、それだけ浅野家との新たな婚姻関係の形成を、しかも実娘による婚姻の成立を、強く企図したことになる。それはすなわち、家康にとって、この時期に浅野家との婚姻関係を形成する必要を認識していて、それを実現したもの、ととらえられる。

両者のあいだには、同三年に長晟次男で嫡男の光晟が生まれている。しかし同年八月二十九日、産後の肥立ちが悪く、振は二九歳で死去した。これにより徳川将軍家と浅野家の婚姻関係は、断絶してしまっている。

長晟はその後、元和五年七月に、安芸・備後福島家の改易をうけて、安芸・備後四二万六千石に加増転封された。寛永三年（一六二六）八月十九日に、従四位下・侍従に叙任されて、公家成大名とされた。これは先にも触れたように、羽柴家譜代系の国持大名が、ほとんどすべて同時に公家成大名とされたものであった。これにより「安芸侍従」を称した。

寛永四年八月二十六日に、嫡男の岩松は一一歳で、将軍家光のもとで元服し、松平苗字・従五位下・安芸守・「光」字の偏諱を与えられて、「松平安芸守光晟」を称した（『新訂本光国師日記』六巻四七〜八頁）。「将軍様（家光）より御名乗り字　光拝領し候」とあり、「東武実録」寛永四年条には、「将軍家より松平氏・御諱の字を賜りて光晟と号し、従五位下に叙し、安芸守に任ず」とある（『内閣文庫所蔵史籍叢刊1』四五一頁）。細川忠興も、子の忠利に八月二十二日付で与えた書状で、「浅但馬殿子息岩松殿へ　上様（家光）より御名字遣わさるるの由」と述べている（『細川家史料二』五六七号）。

これにより浅野家も、松平苗字を与えられた。また光晟に与えられた受領名は、この時の浅野家の領国受領名にあたっている。光晟は、一一歳での元服であり、かつその際に松平苗字・領国受領名・「光」字の偏諱を与えられているが、それは光晟が家康の外孫にあたっていたとともに、国持大名家の嫡男の立場にあったため、と考えられる。これまでに取り上げてきた池田忠継・蒲生忠郷、そして秀忠外孫の前田光高と同様の扱いにあった、とみなされる。

同九年九月に長晟は死去し、それにより光晟が家督と領知を継承した。そして光晟は、同十一年七月十六日に、従四位下・侍従に叙任されて、公家成大名とされた（『浅野家文書』二七九号）。これにより「安芸侍従」を称した。この光晟ののち、浅野家は代々にわたって、松平苗字・公家成大名として存在していくことになる。

ここまで、家康生前期にみられた、家康・秀忠が外様国持大名と結んだ婚姻関係の三一例について、個々に具体的に取り上げてきた。その歴史的な意味や特徴については、あらためて次章で考えることにし、ここでの最後に、そのための若干の基礎的な整理をおこなっておきたい。

取り上げた三一例について、対象の大名家ごとに分類してみると、池田家・伊達家・肥後加藤家が三例、黒田家・福島家・浅野家が二例、蒲生家・若狭木下家・蜂須賀家・前田家・有馬家・山内家・鍋島家・中村家・田中家・毛利家・堀家・松山加藤家・細川家・若狭京極家・堀尾家・丹後京極家が一例、という具合になる。ただし池田家・伊達家・黒田家については、婚約破談の事例があるので、実際の婚姻数は、それよりも少ない。また複数の婚姻事例がみられた大名家のうち、池田家・肥後加藤家・黒田家は、父子二代におよんでいる。

三一例のうち、家康が息子の妻に迎えたものは四例で、他の二七例はすべて家康・秀忠が娘もしくは養女を嫁がせたものになる。そのうち家康の実娘の事例が池田家・蒲生家・伊達家・浅野家の四例、秀忠の実娘の事例が前田家・若狭京極家の二例になる。その他に養女となったか判明しない家康外孫の事例（池田照直婚約）一例がある。その他の二〇例は、養女によるものとなるが、そのうち一二例が家康養女、八例が秀忠養女である。秀忠養女は、秀忠が将軍に任官した慶長十年（一六〇五）からみられるようになるが、それ以降の養女がすべて秀忠養女になっているわけではない。その場合に、家康養女にされるのか、秀忠養女にされるのかの理由について検討する必要があろう。

その二〇例の養女のうち、家康の外孫は、池田輝政娘二人、蒲生秀行娘、松平秀康娘の四人である。外曾孫は、小笠原秀政娘二人、本多忠政娘、奥平家昌娘、大久保忠常娘の五人である。ここまでの九人は家康の子孫にあたっている。親類として、姪の松平康元娘三人、松平定勝娘、保科正直娘二人の六人、従妹の水野忠重娘、姪の子の長沢松平康直娘（祖母は家康の異母妹）、岡部長盛娘（母は松平康元娘）の二人の、あわせて九人がある。そして家康・秀忠とは血縁関係のなかったものに、牧野康成娘と榊原康政娘の二人がいる。この二人だけが、どうして養女にされたのかについては、あらためて検討していく必要があろう。

第四章　家康の外様大名政策

大坂の陣による羽柴苗字の消滅

家康は、「天下人」の地位を確立し、自己を主宰者とする新たな武家政権である徳川政権＝江戸幕府を樹立したものの、その政権の存続において、大きな懸念材料の一つになっていたのが、いうまでもなく、前政権主宰者の羽柴家宗家の羽柴秀頼の存在であった。家康は、嫡男秀忠の将軍任官後から、羽柴秀頼を政権に服属させることをこころみていったが、結果としてそれを果たすことはできなかった。そうして生じたのが、慶長十九年（一六一四）十一月から翌元和元年（一六一五）五月にかけての大坂の陣になる。これにより家康・秀忠は、羽柴家を滅亡させた。家康・秀忠は、結局は、羽柴家宗家を滅亡させることでしか、政権の安泰を確保することはできなかったのであった。

関ヶ原合戦後も、羽柴家宗家の羽柴秀頼の存続を前提にして、外様有力大名のなかには、依然として前政権以来の羽柴苗字《みようじ》を称する者が存続していた。大坂の陣時における国主並み・領知高一〇万石以上の有力大名、および羽柴苗字を称していた小名を列挙すると、次の通りである。

大坂の陣時の国主並み・一〇万石以上の大名

陸奥　盛岡一〇万石　　　南部信濃守利直

	仙台六一万五千石	松平（伊達）大崎少将（陸奥守）政宗
	会津六〇万石	松平（蒲生）会津侍従（下野守）忠郷
	平一〇万石	鳥居左京亮忠政
出羽	山形五三万四千石	最上山形侍従（駿河守）家親
	秋田二〇万石	佐竹秋田侍従（右京大夫）義宣
	米沢三〇万石	上杉米沢中納言（弾正少弼）景勝
常陸	水戸二五万石	松平水戸少将頼房
上野	館林一〇万石	松平（榊原）式部大輔忠次
下野	宇都宮一〇万石	奥平大膳大夫家昌→九八郎（忠昌）
駿河	駿府三〇万石	徳川遠江宰相（常陸介）頼将（頼宣）
美濃	加納一〇万石	松平（奥平）摂津守忠政→千松（忠隆）
近江	佐和山一八万石	井伊兵部少輔直継（直勝）
尾張	清須四八万石	徳川尾張宰相（右兵衛督）義利（義直）
伊勢	桑名一〇万石	本多美濃守忠政
	津二二万石	藤堂和泉守高虎
越後	高田三〇万石	松平越後少将（上総介）忠輝
加賀	金沢一一九万三千石	松平（前田）加賀少将（筑前守）利光（利常）

越前　北庄六八万石
若狭　小浜九万二千石
丹後　宮津一二万三千石

紀伊　和歌山三七万四千石
播磨　姫路四二万石
淡路　六万三千石
備前　岡山三八万石
美作　津山二二万八千石
安芸　広島四九万八千石

出雲　松江二三万五千石
長門　萩三〇万石
阿波　徳島一八万七千石
讃岐　高松一七万一八〇〇石
伊予　宇和島一〇万三千石
　　　松山一九万一六〇〇石

松平越前少将（三河守）忠直
京極若狭侍従（若狭守）忠高
羽柴（京極）丹後侍従（丹後守）高知
同嫡男・羽柴（京極）采女正高広
浅野但馬守長晟
松平（池田）播磨侍従（武蔵守）玄隆（利隆）
松平（池田）宮内少輔忠長（忠雄）
松平（池田）備前侍従（左衛門督）忠継
羽柴（森）美作侍従（右近大夫）忠政
羽柴（福島）安芸少将（左衛門大夫）正則
同嫡男・羽柴（福島）備後守忠清（忠勝）
堀尾山城守忠晴
松平（毛利）長門侍従（長門守）秀就
松平（蜂須賀）阿波守至鎮
生駒讃岐守正俊
伊達宇和島侍従（遠江守）秀宗
加藤左馬助嘉明

土佐　高知二〇万三千石　松平（山内）土佐守忠義
対馬　　羽柴（宗）対馬侍従（対馬守）義智→彦七義成
豊前　中津三九万九千石　羽柴（細川）豊前宰相（越中守）忠興
豊後　臼杵五万石　羽柴（稲葉）右京亮典通
筑前　福岡四九万石　黒田筑前守長政
　　同嫡男・松平（黒田）右衛門佐忠長（忠之）
筑後　柳川三〇万二千石　田中筑後守忠政
肥前　佐賀三五万七千石　鍋島信濃守勝茂
　唐津一一万七千石　寺沢志摩守広高
肥後　熊本五四万石　加藤肥後守忠広
薩摩　鹿児島六〇万九千石　羽柴（島津）薩摩少将（陸奥守）家久

（注）領国高は、知行充行状《ちぎょうあてがいじょう》など確実な史料が存在する場合はそれにより、それがみられない場合は、「慶長十六年禁裏御普請帳」（『続群書類従第二十五輯上』所収）における記載を基本にした。

四二人の有力大名に加えて、羽柴苗字を称した小名として、豊後臼杵《うすき》五万石の稲葉《いなば》典通《のりみち》がみられていた。それらのうち、羽柴苗字を称していたのは、丹後京極高知・同高広父子、美作森忠政、安芸福島正則・同忠清（忠勝）父子、対馬宗義智、豊前細川忠興、豊後臼杵

大坂の陣時の国主並み・10万石以上の大名　※人名 徳川苗字・松平苗字をを称した者
人名は羽柴苗字を称した者

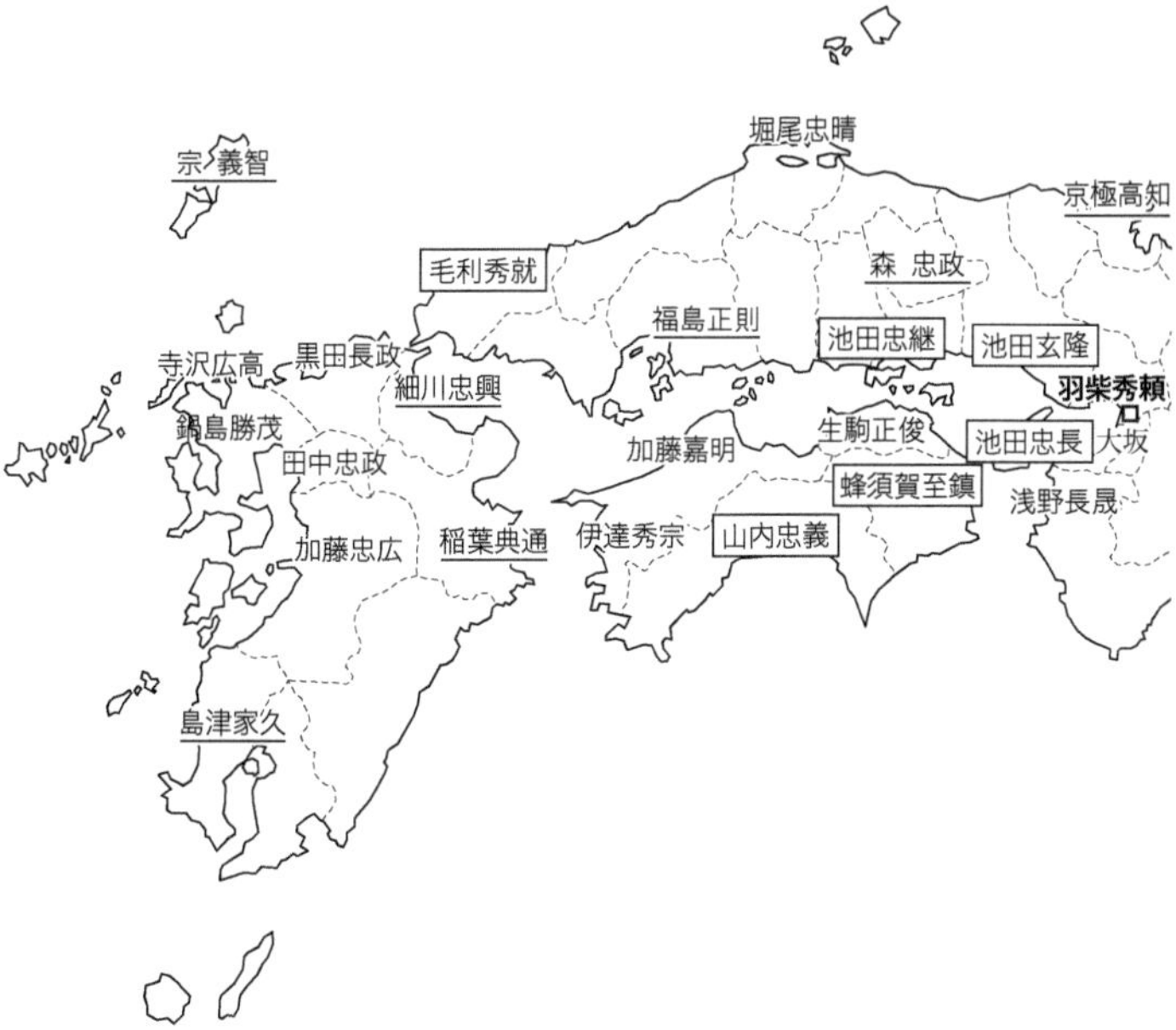

宗 義智
堀尾忠晴
京極高知
毛利秀就
森 忠政
福島正則
池田忠継
池田玄隆
寺沢広高
黒田長政
細川忠興
羽柴秀頼
鍋島勝茂
生駒正俊
池田忠長
大坂
田中忠政
加藤嘉明
蜂須賀至鎮
浅野長晟
加藤忠広
稲葉典通
伊達秀宗
山内忠義
島津家久

稲葉典通、薩摩島津家久の七家九人があった。有力大名では六家であり、全体の一割四分にあたっている。この割合を大きいとみるか、小さいとみるかはともかく、一割以上がいまだ羽柴苗字を称していたのであった。

ただしその一方、松平苗字を称する有力大名の割合が、顕著にみられるようになっている。それはいうまでもなく、その間における家康・秀忠による、外様有力大名への松平苗字授与の結果であった。この時点で、徳川家一門大名には、徳川苗字を称した尾張徳川家・遠江徳川家の二家に、松平苗字を称した水戸松平家・越後松平家・越前松平家の三家があった。外様有力大名で松平苗字を称したものには、陸奥仙台伊達家・同会津蒲生家・加賀前田家・播磨池田家・備前池田家・淡路池田家・長門毛利家・阿波蜂須賀家・土佐山内家、それに嫡男が松平苗字を称していた筑前黒田家の一〇家がみられている。それは有力大名のほぼ四分の一を占めるものになっている。ここですでに、羽柴苗字を称する外様有力大名よりも、松平苗字を称するそれのほうが、大きな割合になっていることがわかる。

ちなみにその他に、徳川家譜代家臣系で松平苗字を称していた有力大名が二家みられている。上野館林榊原家と美濃加納奥平家である。榊原家は、すでに家康が戦国大名段階の時に松平苗字を与えていた松平大須賀家を継承していた忠次（榊原康政の孫）が、実家の榊原家を継承したことによるものであり、そのため松平苗字はその後は継承されていない。奥平家は、家康の長女・亀と奥平信昌とのあいだに生まれた子のうち、次男以下について、家康の外孫であることにより松平苗字を与えられたものになる。加納奥平家は次代の忠隆で断絶してしまうが、忠政弟の清匡（忠明）は、その後も存続していっている。

そして大坂の陣による羽柴家宗家の滅亡にともなって、羽柴苗字を称していた有力大名は、いずれも羽柴苗字を廃し、本苗字に復することになる。大坂の陣から一年弱後の元和二年四月に、家康が死去する。その時点での、国主並みおよび領知高一〇万石以上の有力大名を列挙すると、次の通りである。

家康死去時（元和二年四月）の国主並み・一〇万石以上の大名

陸奥	盛岡一〇万石	南部信濃守利直
	仙台六一万五千石	松平（伊達）大崎宰相（陸奥守）政宗
	会津六〇万石	松平（蒲生）会津侍従（下野守）忠郷
	平一〇万石	鳥居左京亮忠政
出羽	山形五三万四千石	最上山形侍従（駿河守）家親
	秋田二〇万石	佐竹秋田侍従（右京大夫）義宣
	米沢三〇万石	上杉米沢中納言（弾正少弼）景勝
常陸	水戸二五万石	松平水戸少将頼房
上野	館林一〇万石	松平（榊原）式部大輔忠次

下野	宇都宮一〇万石	奥平九八郎（忠昌）
駿河	駿府三〇万石	徳川遠江宰相（常陸介）頼将（頼宣）
美濃	加納一〇万石	松平（奥平）千松（忠隆）
近江	佐和山一五万石	井伊佐和山侍従（掃部頭）直孝
尾張	清須四八万石	徳川尾張宰相（右兵衛督）義利（義直）
伊勢	桑名一〇万石	本多美濃守忠政
	津二二万石	藤堂和泉守高虎
越後	高田三〇万石	松平越後少将（上総介）忠輝
加賀	金沢一一九万三千石	松平（前田）加賀宰相（筑前守）利光（利常）
越前	北庄六八万石	松平越前宰相（三河守）忠直
若狭	小浜九万二千石	京極若狭侍従（若狭守）忠高
丹後	宮津一二万三千石	京極丹後侍従（丹後守）高知
摂津	大坂一〇万石	松平（奥平）下総守清匡（忠明）
紀伊	和歌山三七万四千石	浅野但馬守長晟
播磨	姫路四二万石	松平（池田）播磨侍従（武蔵守）利隆
備前	岡山三八万石	松平（池田）宮内少輔忠長（忠雄）
美作	津山二二万八千石	森美作侍従（右近大夫）忠政

安芸	広島四九万八千石	福島安芸少将（左衛門大夫）正則
出雲	松江二三万五千石	堀尾山城守忠晴
長門	萩三〇万石	松平（毛利）長門侍従（長門守）秀就
阿波	徳島二五万七千石	松平（蜂須賀）阿波守至鎮
讃岐	高松一七万一八〇〇石	生駒讃岐守正俊
伊予	宇和島一〇万三千石	伊達宇和島侍従（遠江守）秀宗
	松山一九万一六〇〇石	加藤左馬助嘉明
土佐	高知二〇万三千石	松平（山内）土佐守忠義
対馬		宗彦七義成
豊前	中津三九万九千石	細川豊前宰相（越中守）忠興
筑前	福岡四九万石	黒田筑前守長政
		同嫡男・松平（黒田）右衛門佐忠長（忠之）
筑後	柳川三〇万二千石	田中筑後守忠政
肥前	佐賀三五万七千石	鍋島信濃守勝茂
	唐津一一万七千石	寺沢志摩守広高
肥後	熊本五四万石	加藤肥後守忠広
薩摩	鹿児島六〇万九千石	島津薩摩少将（陸奥守）家久

（注）領国高は、知行充行状など確実な史料が存在する場合はそれにより、それがみられない場合は、「慶長十六年禁裏御普請帳」（『続群書類従第二十五輯上』所収）における記載を基本にした。

四二人の有力大名のうち、徳川家一門・譜代系は一二家で、その他の三〇家が外様国持大名ということになる。全体の三割近くを、徳川家一門・譜代系で占めるようになっている。かつて関ヶ原合戦直後の時点では、それらの割合は二割にすぎなかったことからすると、一割上昇していることがわかる。

そしてそれら有力大名では、もはや羽柴苗字を称する者は存在しなくなり、代わって松平苗字を称する者が、徳川家一門・譜代系を含めると一五家、外様有力大名だけでは九家がみられている。徳川家譜代系では、松平奥平家の清匡が有力大名に加えられ、外様国持大名では、備前池田忠継の死去にともない、弟忠長（忠雄）がその家督を継承し、それまで領知していた淡路は阿波蜂須賀家に与えられて、一家減少するかたちになっている。外様国持大名の三割が、松平苗字を称するものとなっている。

かつて関ヶ原合戦直後、外様国持大名の三割強が、羽柴苗字を称する者で占められていた。それがいまや、その割合は松平苗字を称する者が取って代わるものになっている。その状況はいうまでもなく、その間に、家康・秀忠が外様国持大名に松平苗字を与えたことによる。

家康生前に松平苗字を与えられた外様国持大名

第二章では、家康の生前期を対象に、家康・秀忠が外様国持大名に松平苗字を与えた事例について、個々に具体的に取り上げてきた。それは慶長十年（一六〇五）四月に、加賀前田利光（利常）に与えられたものが最初であった。松平苗字の授与は、江戸幕府首長・徳川家当主となった秀忠から与えられたかたちになっているが、事前に家康によって決定されていたから、実質的には家康による決定とみなしてよいものであった。

家康が松平苗字を与えた外様国持大名は、池田利隆と同忠継を別家として勘定すると、一一家一九人にのぼっていた。すなわち、前田利光・堀忠俊・蒲生家（秀行・忠郷・忠知）・播磨池田家（輝政・利隆）・伊達家（政宗・忠宗）・毛利秀就・中村忠一・備前池田家（忠継・忠長・輝澄・政綱・輝興）・山内忠義・黒田忠長（忠之）・蜂須賀至鎮である。なおそのうち堀家・中村家は、家康生前のうちに断絶しており、そのため家康死去時には存在していない。

一一家について、大名家としての属性でみていくと、旧戦国大名は伊達家・毛利家の二家、旧織田家臣系は前田家・堀家・蒲生家・両池田家の五家、羽柴家譜代系は中村家・山内家・黒田家・蜂須賀家の四家となる。旧織田家臣系と羽柴家譜代系が大半を占めている。そのうち羽柴苗字からの改称となったものは、伊達家・前田家・堀家・蒲生家・播磨池田

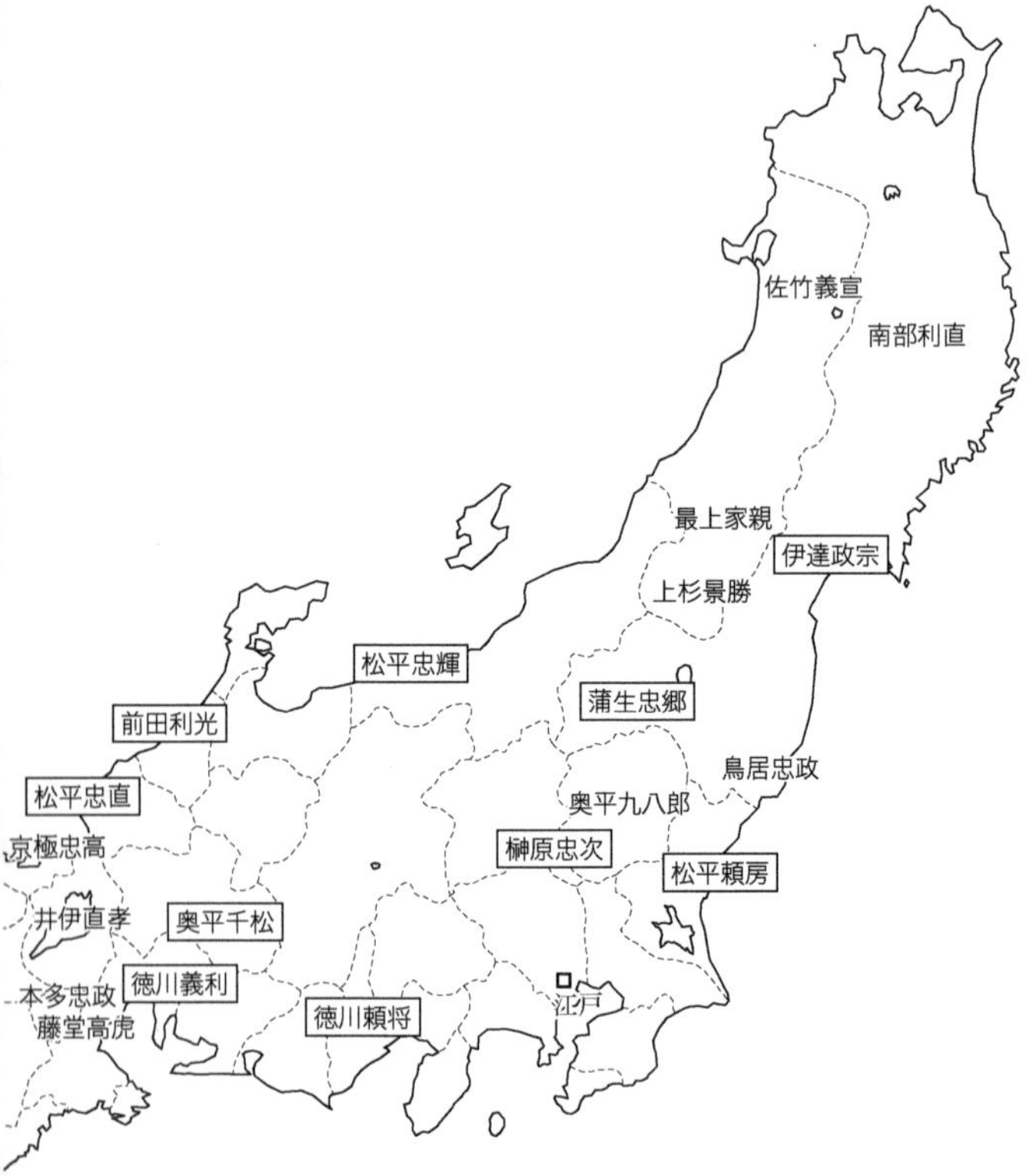

家康死去時の国主並み・10万石以上の大名　※ 人名 徳川苗字・松平苗字をを称した者

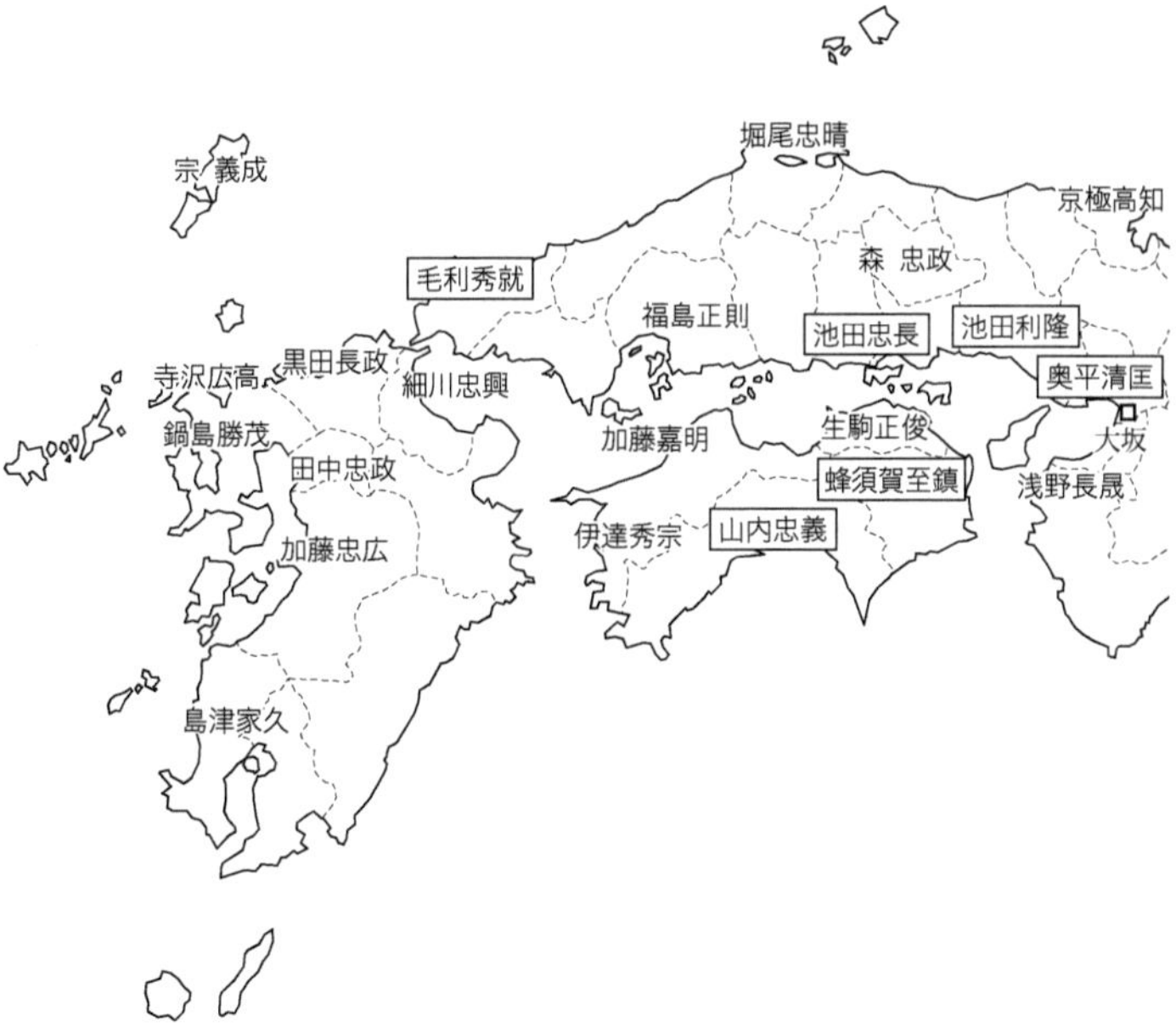

堀尾忠晴
宗 義成
京極高知
森 忠政
毛利秀就
福島正則
池田忠長
池田利隆
寺沢広高
黒田長政
細川忠興
奥平清匡
鍋島勝茂
加藤嘉明
生駒正俊
大坂
田中忠政
蜂須賀至鎮
浅野長晟
伊達秀宗
山内忠義
加藤忠広
島津家久

家の五家となる。このことからみて、松平苗字の授与には、羽柴苗字からの改称、羽柴家譜代系への授与に、特徴がみられたととらえられる。

領国の所在地域でみていくと、東北地方は同地域最大の領知高を誇っていた伊達家・蒲生家の二家、北陸地方の越後堀家と加賀・越中・能登三ヶ国の前田家の二家、中国地方では、播磨・備前二ヶ国の両池田家、伯耆中村家、長門・周防二ヶ国の毛利家の四家、四国地方では阿波蜂須賀家と土佐山内家の二家、九州地方では筑前黒田家の一家となっている。

ちなみに、東北地方には、それに匹敵する領知高を有していた者に出羽最上家があったが、それには与えられていない。北陸地方は外様国持大名のすべてに与えられている。近畿地方には紀伊浅野家があったが、それには与えられていない。中国地方では、他に一国以上の国持大名に安芸・備後二ヶ国の福島家・美作森家・出雲堀尾家があったが、それらには与えられていない。四国地方には、他に一国以上の国持大名に讃岐生駒家があったが、それには与えられていない。そして九州地方については、黒田家のみが与えられている。

こうした状況をみると、外様国持大名への松平苗字の授与は、北陸地方についてはすべてについておこなわれ、東北地方・中国地方・四国地方については、半数もしくはそれ以上についておこなわれ、九州地方については一家のみにおこなわれていた、ということがわかる。これを地理的にみていくと、政権本拠地の江戸・伏見に近い位置にあった者を中心に、松平苗字を与えていった状況がうかがわれる、といえるように思う。

もっともそうした松平苗字の授与については、家康・秀忠の娘および養女との婚姻関係の形成をともなっていた。そのため外様国持大名家側での、当主や嫡男の年齢などに左右される状況もあったと考えられる。しかしそれゆえこそ、直接の婚姻関係がみられなかった伊達政宗の場合が、極めて特殊な事情によったものであることが想定される。その理由を示す史料はみられないので推測するしかないが、それはおそらく、伊達政宗が東国最大の外様国持大名であったためと考えられる。いまだ羽柴家宗家が存続していたなかで、徳川政権の継続を図るうえで、東国最大大名を徳川将軍家の身内化しておくことが必要、と考えられたのではないか、と思われる。

徳川家と婚姻関係をもった外様国持大名

第三章では、家康の生前期を対象に、家康・秀忠が、外様国持大名とのあいだに形成した婚姻関係について、個々に具体的に取り上げてきた。その件数は、婚約にとどまったものも含めて、慶長三年（一五九八）の羽柴秀吉死去から数えると二八例があり、同五年の関ヶ原合戦後から数えても二四例にのぼっている。婚姻は、家康娘が一例、秀忠娘が二例、家康・秀忠の養女にされたのか確認できない家康外孫（家康次女・督と北条氏直の娘）が一例の他は、家康養女が一二例、秀忠養女が八例であり、大半が養女によるものとなっている。

秀忠の将軍任官後は、松平苗字の授与と同じく、形式的には秀忠からの命令で婚姻がおこなわれたが、それ以前に家康によって取り決められていることから、実質的には家康によって決定されていたとみなしてよい。

秀吉死去から関ヶ原合戦までの時期には、伊達家・肥後加藤家・蜂須賀家・黒田家の四家を成立させているが、このうち伊達政宗については、やはり東国最大の国持大名であったことによると思われる。加藤家・蜂須賀家・黒田家は、いずれも羽柴家譜代の有力大名であり、蜂須賀家は大坂近所に存在した国持大名、加藤家と黒田家は羽柴家譜代家臣の有力者であったことによると推測される。そしていずれも、秀吉死去の羽柴政権のなかで、多数派工作としておこなわれたものと考えられる。

関ヶ原合戦後については、明確に自己を主宰者とする徳川政権の確立とその維持のために、外様国持大名との政治関係の密接化を図っておこなわれたものと考えられる。なお有馬豊氏との婚姻は、その時点で有馬豊氏は、丹波福知山八万石の小名にすぎないので、以下の検討からは除外する。ただし有馬豊氏は、のちに筑後久留米二一万石の国持大名になるが、それは家康養女婿であったことが大きな要因であったとみて間違いなかろう。その時点で、有馬豊氏と婚姻関係を結んでいることの理由について、あらためて明確にする必要はあるが、以下では捨象することにした。それは今後の課題としておきたい。

有馬豊氏との場合を除いた二三例の明確な国持大名との婚姻関係において、その対象となっているのは、加賀前田家・播磨池田家（利隆二例）・土佐山内家・肥前鍋島家・安芸福島家（二例）・伯耆中村家・筑後田中家・陸奥仙台伊達家（忠宗二例）・長門毛利家・越後堀家・伊予松山加藤家・若狭京極家・豊前細川家・出雲堀尾家・紀伊浅野家（二例）・肥後加藤家（二例）・丹後京極家・筑前黒田家の一八家におよんでいる。すでに関ヶ原合戦以前に、伊達家・肥後加藤家・黒田家とは婚姻関係を結んでいたから、それらとのものは重縁になる。また関ヶ原合戦以前に婚姻関係を結んでいた陸奥会津蒲生家・阿波蜂須賀家を含めると、二〇家になる。そしてそれらは、伊予松山加藤家を除いて、一国以上を領知する国持大名ないしそれに準じる存在であった。

それら二〇家について、大名家としての属性でみていくと、旧戦国大名ないしその家臣出身が、伊達家・毛利家・鍋島家の三家、旧織田家臣系が前田家・池田家・堀家・若狭京極家・細川家・丹後京極家・蒲生家の七家、羽柴家譜代系が山内家・福島家・中村家・田中家・松山加藤家・堀尾家・浅野家・肥後加藤家・黒田家・蜂須賀家の一〇家であり、羽柴家譜代系が圧倒的な割合にある。家康の婚姻政策が、それら羽柴家譜代系を明確に射程におさめていたものであったことがうかがわれる。

また領国の所在地域でみていくと、東北地方は伊達家・蒲生家の二家、北陸地方が越後堀家・加賀前田家の二家、近畿地方が若狭・丹後両京極家と紀伊浅野家の三家、中国地方が播磨池田家・安芸福島家・伯耆中村家・出雲堀尾家・長門毛利家の五家、四国地方が阿波蜂須賀家・土佐山内家・伊予松山加藤家の三家、九州地方が筑前黒田家・豊前細川家・肥前鍋島家・筑後田中家・肥後加藤家の五家である。先にみた松平苗字授与の場合とくらべると、九州地方の有力大名との割合が高くなっている。

逆に、養女による婚姻関係を形成しなかったもので、大坂の陣まで存続していた有力大名には、陸奥盛岡南部家・出羽山形最上家・同秋田佐竹家・同米沢上杉家・伊勢藤堂家・美作森家・讃岐生駒家・伊予宇和島伊達家・対馬宗家・肥前唐津寺沢家・薩摩島津家の一一家があった。このうち一国以上を領知した明確な国持大名、ないしそれに準じる有力大名は、最上家・佐竹家・上杉家・藤堂家・森家・島津家となる。先の事例に照らし合わせれば、それらとも婚姻関係を結んでも決しておかしくはない。しかしそれらの大名家の当主あるいは嫡男について、すでに結婚していたり、嫡男が不在あるいは年少であったりと、いずれも家康の生前期には結婚が可能な条件にはなかった。それらと婚姻関係が形成されていないのは、そうした根本的な理由によったと考えられよう。

それらの婚姻関係の形成の結果、家康は、およそ三〇家あった外様国持大名のうち、二〇家について、すなわち六割以上について、婚姻関係を形成したのであった。しかも婚姻関係を形成していない有力大名のうち、羽柴家譜代系は、藤堂家・生駒家・寺沢家にすぎない状態になっている。藤堂家・寺沢家は家康とそもそも親密な関係にあり、生駒家は藤堂家と婚姻関係にあった（生駒正俊の妻は藤堂高虎の養女）。それはすなわち、家康は婚姻政策を通じて、羽柴家譜代系の有力大名のほとんどと政治的に親密な関係を形成したことを意味する。

大坂の陣の際、家康は、福島正則・黒田長政・加藤嘉明を江戸に在府させた。これは秀吉恩顧の大名を、羽柴家に味方させないためのものであったが、その嫡男は出陣している。それだけでなく、いずれも自身もしくは嫡男が、家康とのあいだに婚姻関係を形成していた。それら三人の江戸在府は、その三人がまさに秀吉に直接に仕えていた経験にあった人物であった。しかしそうした立場の者には、他にも藤堂高虎と寺沢広高がいたが、両者はそのような措置をうけてはいない。それは藤堂・寺沢がそれだけ家康と親密な政治関係にあったとみられるが、そうであれば、先の三人との政治関係は、それほど親密なものではなかった、ということにもなる。

しかし結果として、大坂の陣において羽柴家に味方した大名家は全くあらわれなかった。羽柴家は、諸大名から全く孤立した状態になっていたのである。家康は、念を入れて、先の三人を江戸在府にとどめたのであったが、結果としてはそれは杞憂《きゆう》におわった。家康はそれだけ大坂の陣に慎重に対処していた、ということになろう。ひるがえってみれば、三〇家ほど存在していた外様国持大名のうち、六割以上が徳川将軍家と婚姻関係にあり、その縁戚《えんせき》にあたるものになっていた。羽柴家譜代系については、ほとんどがそのような状態になっていた。それはすなわち、関ヶ原合戦後からすすめた外様国持大名との婚姻関係の形成によって、その大半を縁戚化したことで、羽柴家宗家の政治的孤立化をもたらした、といえるであろう。

家康の外様国持大名政策の特徴

第一章で確認したように、関ヶ原合戦によって「天下人」の地位を確保した家康であったが、諸国の国持大名のうち、八割が外様であった。そのため家康は、自身の政治的地位の継続のためには、それら八割の外様国持大名への政治関係の展開が、大きな課題になっていた。そのために家康がとった政策が、松平苗字の授与と、婚姻関係の形成であった、といえるであろう。そして松平苗字の授与は、婚姻関係が前提になっていた。さらにその婚姻関係においては、養女による形成に大きな特徴をみることができる。家康は、外様有力大名と婚姻関係を形成し、そのなかで松平苗字を授与していた、という在り方を把握できる。

婚姻関係の形成は、早くも慶長三年（一五九八）の羽柴秀吉の死後からすすめられていた。陸奥大崎（のち仙台）伊達家・肥後加藤家・阿波蜂須賀家・豊前（のち筑前）黒田家とのものであったが、それはその後の羽柴政権のなかでの多数派工作のためであった。同五年の関ヶ原合戦での勝利により、「天下人」の地位を確立した際には、最有力大名の加賀前田家との婚約を成立させている。その後は、同七年に娘婿の播磨池田照政（輝政）の嫡男・照直（利隆）と婚約を成立させているが（結果は破談）、これは縁戚であった池田家とのさらなる政治関係密接化のためによる。そして同八年に将軍に任官して、自身を主宰者とする新たな武家政権として徳川政権＝江戸幕府を確立させると、婚姻関係の形成が顕著にすすめられていった。

慶長八年に土佐山内忠義・肥前鍋島勝茂と婚約し、いずれも同十年に結婚を実現している。同九年に安芸福島正則との結婚、同年頃に伯耆中村忠一との結婚を成立させている。同十年四月に、将軍職と徳川家家督を嫡男秀忠に譲って、徳川政権の継続性を表明すると、同時に、加賀前田利光（利常）・池田照直との結婚を成立させている。以後も、同十一年頃に筑後田中忠政との結婚、同十二年に陸奥仙台伊達忠宗・周防毛利秀就との婚約、越後堀忠俊との結婚を成立させ、同十三年に毛利秀就との結婚、同年以前に安芸福島正長との結婚、その頃に伊予松山加藤明成との結婚、同十四年に豊前細川忠利との結婚、同年頃に若狭京極忠高との結婚、同十五年に出雲堀尾忠晴との結婚、九男義利（義直）と紀伊浅野幸長娘、十男徳川頼将と肥後加藤清正娘の婚約、その頃に丹後京極高広との結婚、同十六年に伊達忠宗との婚約、同十七年に筑前黒田忠長（忠之）との婚約、同十九年に肥後加藤忠広との結婚、元和元年（一六一五）に徳川義利・浅野幸長娘の結婚、紀伊浅野長晟との婚約、そして同二年に浅野長晟の結婚、という具合に続いている。

この結果として、外様国持大名の一九家、羽柴政権期における蒲生家を加えて二〇家と婚姻関係を形成した。そのうち堀家・中村家の二家がその後に断絶して、家康死去時まで存続していたのは一八家になっていた。それは外様国持大名全体の六割以上を占める状態にあった。

また婚姻事例のうち、家康・秀忠の実娘《じつじょう》が対象になっていたのは、伊達家・浅野家・前田家・若狭京極家であった。伊達家は東国最大の外様国持大名、前田家は最大の外様国持大名、若狭京極家は秀忠正妻・江の親戚大名、であったから、そのことによると考えられる。家康・秀忠にとって、特に重要視すべき存在であった、とみなされる。ただ浅野家は、それほど特別の理由は見いだされない。考えられることとすれば、結婚が大坂の陣の最中のことであったから、大坂の陣対策の一環として、羽柴家領国の後背に位置する浅野家との関係密接化のため、と考えられるであろうか。

そうした婚姻関係を前提に、その一部に対して松平苗字を授与した。その最初は、慶長十年四月、秀忠の将軍任官にあわせて、加賀前田利光に対してであった。以後、外様国持大名家の当主に対して、同十一年に堀忠俊、同十二年（あるいは同十五年か）に蒲生秀行、同十三年に伊達政宗・毛利秀就・中村忠一、同十五年に山内忠義、同十七年に池田輝政、元和元年に蜂須賀至鎮、に与え、外様国持大名家の嫡男に対して、慶長十二年に池田輝直、同十三年に蒲生忠郷、同十六年に伊達忠宗、同十八年に黒田忠長に与え、外様国持大名家の庶子であったものの家康の外孫であった者に対して、慶長十四年に池田忠継・同忠長

（忠雄）・同輝澄、同十六年頃に池田政綱、同十八年頃に蒲生忠知、同十九年頃に池田輝興に与えている。

その結果として、家康生前、外様国持大名の一〇家に松平苗字を授与した。そのうち堀家・中村家の二家がその後に断絶して、家康死去時まで存続していたのは八家になっていた。授与された大名をみていくと、池田輝政・蒲生秀行は家康の娘婿、前田利光は秀忠の娘婿にあたり、さらにそれらの所生となる外孫はいずれも、元服にともなって松平苗字を与えられており（前田家については秀忠期のこと）、それらは徳川将軍家の身内として扱われたとみなされる。その他は、伊達政宗を除いて、養女婿にあたっている。伊達政宗が松平苗字を与えられたのは、先にも触れたように、東国で最大の外様国持大名であったからと考えられる。養女婿は、それら以外にも多くが存在していたにもかかわらず、なぜそれらだけに松平苗字が授与されたのかは、明確にはわからない。その点の解明は、引き続いて今後の課題といえるであろう。ただそのなかで、黒田忠長は、家康養女の所生であったから、それによった可能性が高い。

また伊達忠宗は、松平苗字を与えられていた外様国持大名の二代目に対して、初めて授与されている事例になっている。これは松平苗字を称する外様国持大名について、その当主については引き続いて松平苗字を与えていく方針の成立を示している、と受けとめられる。その最初が伊達家であったのは、やはり伊達家が家康・秀忠にとって、重要視すべき存在であったことによると考えられる。

ではそれらの外様国持大名に、松平苗字を与えたことには、どのような意味があったととらえられるであろうか。松平苗字はいうまでもなく、家康にとっては旧苗字にあたっている。しかし家康が称した徳川苗字は、家康の実子であってもすべてに認めているのではなく、徳川苗字を称したのは、嫡男・秀忠と九男・義利（義直）、十男・頼将（頼宣）に限られていた。その他の息子は、すべて松平苗字を称した。のちに徳川苗字に改称する十一男・頼房も、当初は松平苗字であった。家康の死後、秀忠生前期においてもこの原則は踏襲されていて、秀忠三男の忠長、義直・頼宣の嫡男の光友・光貞も、当初は松平苗字であったことが確認されている（前掲野口著書）。尾張家・紀伊家の嫡男、水戸家の当主と嫡男が徳川苗字を称するのは、秀忠死後の家光期になってからであった。

家康は、秀忠・義利・頼将以外の息子とその子孫については、松平苗字を称させた。家康異父弟の康元・定勝とその子孫、家康外孫の奥平忠政・清匡（忠明）とその子孫についても同様であった。このことからすると、松平苗字の授与は、それら一門衆と同列に位置付けるものであったことは確実であろう。ちなみに家康は、戦国大名の段階で、家中化した有力領主についても松平苗字を与えていて、戸田松平家・大須賀松平家などがあり、その子孫は引き続いて松平苗字を称したし、そもそもの三河松平氏一族も存在し、その子孫も松平苗字を称した。そうしてみると、松平苗字は、広く家康の家系の一族という意味にあったといえる。

それを外様国持大名に与えたのは、すなわち広い意味での徳川将軍家の一族に位置付けるもの、といえるであろう。外様国持大名の場合は、政治的地位が高かったから、同様に国持大名であった徳川家一門の有力大名と同列に位置付けるものであった、といってよいであろう。それは徳川家の擬制的親族の待遇を与えるもの、と言い換えられるであろうか。とはいえ家康は、外様有力大名のすべてに松平苗字を与えたのではなかった。前代の羽柴政権では、旧戦国大名・旧織田家臣の有力者すべてに、政権主宰の羽柴家の苗字そのものを与えていた。それによる擬制的な親族化をおこなっていた。しかし家康は、そこまではしていない。婚姻関係については、可能な限り形成したといえるものの、松平苗字の授与はその一部にしかおこなっていない。けれども、前田家・池田家・蒲生家・伊達家に対して、早い時期におこなっていることからすると、外様国持大名に対する有効な政策として、積極的にすすめたものであったことは確実ととらえられる。

第五章　秀忠の松平苗字授与戦略

松平苗字の国持大名二代目への授与

徳川将軍家による外様国持大名への松平苗字《みょうじ》の在り方は、家康の死後、秀忠によって一応の完成が遂げられることになる。それはいうならば、松平苗字授与の原則の確立ともいうべきものになる。最後の章ではその状況について、簡単ながらも取り上げることにしたい。

秀忠の単独政権期になって、最初にみられた松平苗字の授与の事例は、池田利隆の嫡男・幸隆（光政、一六〇九～八二）に対してのものと考えられる。元和二年（一六一六）六月十三日に、播磨池田利隆が死去した。家督と領知は、嫡男の幸隆に継承が認められたが、幸隆はこの時、八歳にすぎなかった。それでも以後は、仮名新太郎・実名幸隆を名乗った。しかしあまりに年少であったため、枢要の地である播磨の統治は難しいとして、翌同三年三月六日に、因幡・伯耆二ヶ国三二万石に転封される。それについて「台徳院殿御実紀《たいとくいんでんごじつき》」には、幸隆について「松平新太郎」と記しており（『徳川実紀　第二篇〈新訂増補国史大系39〉』一二〇頁）、それまでに松平苗字を与えられていたことがうかがわれる。

幸隆が、松平苗字を与えられた時期は判明しないが、確認されるのが父利隆死去すぐのことであり、その家督を継いでいたことからすると、家督相続にともなってのことか、あるいはそれ以前からのことであったと考えられる。少なくとも家督相続後は、松平苗字を与えられていたことは確実とみなされる。父利隆は、すでに松平苗字を与えられていた。その家督を継承した幸隆は、遅くても家督相続後には、松平苗字を与えられていたととらえられる。ここに松平苗字を称していた外様国持大名の二代目についても、同様に松平苗字を与えられたことがわかる。ちなみに嫡男の段階で与えられていたものに、すでに伊達忠宗があった。そうすると幸隆も、利隆の生前から松平苗字を与えられていた可能性もあるように思われる。

そうした松平苗字を称していた外様国持大名の二代目に、家督相続にともなって松平苗字が認められている事例には、その他にもいくつかみられている。まず同六年八月二十八日以前の蜂須賀千松（忠鎮・忠英、一六一一～五二）の事例がある。同年二月二十六日に父至鎮が死去したため、その八月二十八日に家督と領知の継承を認められているが、それを示す秀忠黒印状の宛名に、「松平千松」と記されていて（「蜂須賀侯爵家文書」『大日本史料』一二編三四冊二四七頁）、すでにその時点で、松平苗字を与えられていたことが確認される。これも家督相続にともなって認められているのか、すでに嫡男の時点で認められていたのかはわからないが、少なくとも家督継承の時点では、認められていたことがわかる。

同様の事例に、寛永九年（一六三二）四月四日以前の池田光仲（一六三〇～九三）の事例がある。その前日に父忠雄が死去したため、翌日にその家督と領知の継承が認められ、それに関して「紀年録」には、光仲について「松平勝五郎」と記していて（「大日本史料稿本」）、それまでに松平苗字を与えられていたことがわかる。この時、光仲はわずか三歳にすぎず、以後しばらく、元服まで「松平勝五郎」を称している。この場合も、家督相続にともなって松平苗字を与えられたのか、それ以前に嫡男の段階ですでに与えられていたのかはわからない。

これらは元服以前に、家督相続にともなって、松平苗字を称していたことが確認できる事例になるが、そうでなく、伊達忠宗の場合と同じく、嫡男段階での元服にともなって松平苗字を与えられたとみなされる事例として、山内忠豊（忠義嫡男、一六〇九～六九）・浅野光晟（長晟嫡男、一六一七～九三）・前田光高（利常嫡男、一六一五～四五）・島津光久（家久嫡男、一六一六～九四）・伊達光宗（忠宗嫡男、一六二七～四五）の事例がみられている。島津光久以外については、その事情について、第二章・第三章でそれぞれの父について取り上げているところで、簡単ながらも触れている。

ただし山内忠豊については、元服時期が判明していないため確定ではない。忠豊は、元和五年六月十一日に、一一歳で秀忠に出仕し、同年十月二日に秀忠嫡男の家光に出仕して、その時に幼名国松から、仮名伊右衛門に改称したという（前掲『忠義公紀 第一篇』四七四～六・四九九頁）。元服が確認できるのは、一五歳の同九年九月十日のことで、同日付で出している書状に、「松平伊右衛門忠」と署名していて（前掲書六四七頁）、この時には松平苗字と「忠」字の偏諱《へんき》を与えられて、「松平伊右衛門忠豊」を称していたことを確認できる。元服はその間ということになるが、いずれにしても元服と同時に松平苗字と将軍偏諱を与えられた、とみてよいと考えられる。

ちなみに薩摩島津家が松平苗字を与えられるのは、元和三年のことであり、それについては次に取り上げる。これらにより、秀忠期には、加賀前田家・安芸浅野家・土佐山内家・陸奥伊達家・薩摩島津家について、嫡男が元服時に、松平苗字と将軍偏諱を与えられる慣例が作られていたことがわかる。

島津家久への松平苗字授与

秀忠は、元和三年（一六一七）九月一日に、薩摩島津家久（一五七六～一六三八）に松平苗字を与えている。これが、秀忠が松平苗字を新たな国持大名家に与えた事例として、最初のものになる。

島津家久は、薩摩・大隅《おおすみ》二ヶ国六〇万九千石を領知し、羽柴政権期から島津家当主として存在していて、その時点で従四位下・左近衛権少将に叙任されていて、「羽柴又八郎」「薩摩少将」を称していた。慶長八年（一六〇三）に家康から受領名《ずりょうめい》陸奥守《むつのかみ》を与えられて、以後は「羽柴陸奥守」を称し、さらに同十一年に「家」字の偏諱を与えられて、実名を忠恒から家久に改名している。そして元和元年の羽柴家滅亡にともなって羽柴苗字を廃して、本苗字の島津苗字に復した。同三年七月十八日に正四位下・参議に叙任されて（『島津家文書』六四五号）、以後は「薩摩宰相」を称した。

この参議昇進は、大坂の陣後の松平忠直・前田利光（利常）・伊達政宗に続くもので、福島正則と同時のものになる。家久はこの時、四二歳になっていた。島津家では、すでに羽柴政権期に、家久の実父義弘が参議に任官しているので、それ以来のものになる。また外様有力大名としては、前田家・伊達家に並ぶ政治的地位を与えられたことを意味した。そしてそれをうけて、その二ヶ月弱後に、松平苗字と領国受領名の薩摩守を与えられたのである。

日付は、「寛政重修諸家譜」（『大日本史料』一二編二八冊一頁）などによるにすぎないが、松平苗字を与えられたとされる翌日の九月二日付で細川忠興が家久（「松平薩摩守」）に宛てた書状に、「松平の御名字進められ、薩摩守に御受領候」と記されていて、そのことを確認できる（「薩藩旧記増補」前掲書一頁）。同日に秀忠家老・安藤重信が家久に宛てた書状には、「松平に任じられ」と記されていることから（同前書二頁）、松平苗字は「任じられる」性格のものであったことがうかがわれる。おそらく、家久には「松平薩摩守」に任じる旨の判物《はんもつ》が与えられたことであろう。

その後には、寛永三年（一六二六）八月十九日に、従三位・権中納言に叙任されて（『島津家文書』六四九～五〇号）、それにより以後は「薩摩中納言」を称した。この中納言昇進は、松平頼房・前田利常・伊達政宗と同時であり、外様国持大名としては最高位にあたった。ここに家久は、前田家・伊達家とともに、外様大名中の筆頭に位置付けられたことになる。

こうして島津家久も、松平苗字を与えられた外様国持大名になった。ただしそれ以外の事例のほとんどが、徳川将軍家と婚姻関係を形成したうえで与えられていたのに対して、家久の場合は、それはみられていない。この家久の事例は、その意味では伊達政宗の場合と同様であった。家久が松平苗字を与えられた直接の契機は、参議昇進にあった。これは秀忠が、家久を参議に昇進させるにあたって、そうした高官位を与えてきた者はすべて松平苗字を与えた者であったことに照らし合わせて、家久にも同様に松平苗字を与えた、と考えられる。それはまた、家久の政治的地位を、伊達政宗と同等にするものでもあった、とみなされる。ただし家久と同時に参議に昇進した福島正則には松平苗字は与えられていない。池田輝政と家久が、参議昇進にともなって松平苗字を与えられたとみなされることからすると、この福島正則の場合は特例といえる。その場合、正則は松平苗字拝領を辞退（実質的には拒否）したか、秀忠があえて与えなかったか、ということが想定される。今後検討すべき問題と思われる。

ともあれこれによって秀忠は、直接の婚姻関係にはなかったものの、東国最大の大名である伊達政宗と、九州最大の大名である家久を、すなわち列島北部と南部を象徴する存在であった両者を、ともに参議（のちに中納言）かつ松平苗字を称させることにしたのである。それは徳川将軍家が、列島全域の大名を従える存在であること、その南北両端を押さえるかたちにあった両大名家がともに松平苗字を称して、徳川将軍家の擬制的親族として存在するかたちをとることで、徳川将軍家はそれを統制下に置いていることを端的に表現する方法としてとられたもの、とみなすことができるであろう。

家久嫡男の光久は、元和二年に家久の次男として生まれ、兄の早世により、嫡男とされ、はじめ島津又三郎忠元を称していた。寛永八年四月一日に、一六歳で、将軍家光のもとで元服し、家光から松平苗字・薩摩守・「光」字の偏諱を与えられ、従四位下・侍従に任じられて、「松平薩摩守光久」を称した。また以後は「薩摩侍従」を称した（前掲『東武実録（二）』七二六頁）。それにともなって家久には、受領名大隅守が与えられて、以後は「松平大隅守」「大隅中納言」を称した。

これに関して、（慶安四年）九月十一日付江戸幕府老中連署奉書案（『島津家文書』二六三七号）には、「松平薩摩守の事、寛永八辛未年四月朔日、四位侍従に仰せ付けられ候」とあり、同日の叙任が確認できる。また叙任から半月後の（寛永八年）四月十六日付金地院《こんちいん》崇伝《すうでん》書状（同前二四二五号）には、「又三郎様今朔日、御前において御元服、薩摩守御拝任、則ち御名乗の御字御拝領の旨」と記されている。

この光久への松平苗字の授与は、松平苗字を称する外様国持大名の二代目に対してのものであるとともに、その元服にともなってのものであった。家久は寛永十五年に六二歳で死去し、家督と領知は光久が継承している。

鍋島・浅野・肥後加藤家への松平苗字授与

秀忠は、島津家久に松平苗字を与えたのちにおいても、新たな外様国持大名に松平苗字を与えている。それは肥前鍋島家・安芸浅野家・肥後加藤家である。徳川将軍家による新たな外様国持大名への松平苗字の授与は、それ以後はみられることはない。したがって秀忠による政策が、外様国持大名への松平苗字授与としては、最終的な在り方を示すものとなった。

まず元和八年（一六二二）十二月二十六日に、肥前鍋島勝茂の嫡男・忠直（一六一三〜三五）に松平苗字を与えている。忠直は、勝茂の四男であったが、勝茂正妻で家康養女・菊の所生の次男（長男は早世）で嫡男とされていた。幼名翁介を称していた。その日に、秀忠のもとで元服し、松平苗字・従五位下・肥前守・「忠」字の偏諱を与えられて、「松平肥前守忠直」を称した。その時に秀忠から出された受領状と一字書出《いちじかきだし》が残されていて、次の通りである。

徳川秀忠受領状写（「坊所鍋島文書」『大日本史料』一二編五〇冊三三五頁）

宜しく任ずべし

松平肥前守
元和八年拾二月廿六日　御判
　徳川秀忠一字書出写（「坊所鍋島文書」同前書三三五頁）
忠
元和八年
　十二月廿六日　御判
　　　　松平肥前守とのへ

これについて忠直自身、翌年の同九年正月二十二日付で出した書状のなかで、「公方様（秀忠）御前において元服申し、松平肥前守に任じられ、御一字迄下され、諸大夫に召し成され」と述べ、「松平肥前守忠直」と署名している（「忠直公御事績」前掲書三三六頁）。ここに鍋島家も、嫡男が松平苗字を称するようになった。また同時に、肥前守という領国受領名も与えられて、鍋島家も領国受領名を称するようになっている。忠直が松平苗字を与えられたのは、家康養女の所生であったためであろう。

次に寛永四年（一六二七）八月二十六日に、安芸浅野長晟の嫡男・光晟（一六一七〜九三）に松平苗字を与えている。光晟は、長晟の次男であったが、長晟正妻の家康三女・振の所生であったため嫡男にされていた。幼名岩松を称していた。その日に、秀忠・家光のもとで元服し、松平苗字・従五位下・安芸守・「忠」字の偏諱を与えられて、「松平安芸守光晟」を称した。

それについては、第三章の浅野長晟のところでも取り上げたが、「本光国師日記」同日条（『新訂本光国師日記』六巻四七～八頁）に、「将軍様（家光）より御名乗り字　光拝領し候」とあり、下字も名付けてほしいとの依頼をうけて、「光晟」と名付けたことがみえている。また「東武実録」（『東武実録（二）』四五一頁）に、「将軍家（家光）より松平氏・御諱の字を賜りて光晟と号し、従五位下に叙し、安芸守に任ず」とみえている。ちなみに授与のこと自体は、それ以前に取り決められて報《しら》されていたらしく、細川忠興は嫡男の忠利に宛てた、その四日前の八月二十二日付の書状で、「浅但馬殿子息岩松殿へ　上様（家光）より御名字遣わさるるの由」を伝えている（『細川家史料二』五六七号）。

これによって浅野家も、嫡男に松平苗字と領国受領名が与えられたことで、それを称する外様国持大名になった。もっとも光晟は、家康の外孫にあたっていたから、松平苗字を与えられるのは当然のことであった、とみなされる。ただそれまでに松平苗字を与えられていた池田家・蒲生家の家康外孫との違いは、領国受領名を与えられていることであろう。池田家・蒲生家の外孫については、それを称する条件になかったこともあるが、むしろ光晟については、外様国持大名家の嫡男として、領国受領名で揃えられたものと思われる。

最後に寛永七年に、肥後加藤忠広の嫡男・光正（一六一六〜三三）に松平苗字を与えている。光正は、忠広の長男で、母は秀忠養女・琴（家康外孫）であったから、家康の外曽《がいそう》孫《そん》にあたっていた。幼名虎松を称していた。元服の正確な日付はいまだ判明していないが、第三章の加藤忠広のところで取り上げたように、寛永七年であることが確認されている。将軍家光のもとで元服し、松平苗字・従五位下・豊後守・「光」字の偏諱を与えられて、「松平豊後守光正」を称した。

これにより肥後加藤家も、嫡男に松平苗字を与えられたことで、松平苗字と領国受領名を称する外様国持大名になっている。ただし肥後加藤家は、その直後といっていい寛永九年正月に改易され、大名家としては存続しなくなっている。

これら鍋島家・浅野家・肥後加藤家への松平苗字授与により、秀忠生前期には、伊達・前田・備前池田（光政）・因幡池田（光仲）・浅野・毛利・蜂須賀・山内・蒲生（伊予松山、もと陸奥会津）・黒田・鍋島・加藤・島津の一三家の外様国持大名が、松平苗字を称するようになっている。それらのうち蒲生家・肥後加藤家はその後に断絶し、松平苗字を称するのは一一家になるが、それらについてはその後も、当主は代々松平苗字を与えられていくのである。ちなみにその後において、それらに匹敵する領知高にあった外様国持大名として存在したのは、肥後（もと豊前）細川家のみになっている。

そうしてみると秀忠は、ある程度の領知高を有した有力な外様国持大名に対して、一様に松平苗字を与えて、それらを徳川将軍家の擬制的親族とすることを図っていた、とみることができるであろう。

池田・蒲生・前田家の身内化

家康は、外様国持大名家の庶子であっても、自身の外孫にあたった、池田忠継・同忠雄・同輝澄・同政綱・同輝興、蒲生忠知について、いずれも元服時に松平苗字を与えていた。

このうち池田忠継は、本家の播磨池田家の別家として、備前池田家として取り立てられ、その家督は弟忠雄に継承され、その子孫は因幡池田家として存続し、それにより同家の当主は代々、松平苗字を与えられた。それに対して輝澄・政綱・輝興の松平苗字は、一代限りのもので、子孫に継承されていない。外孫への松平苗字授与は、原則として一代限りのものであったととらえられる。因幡池田家は、本家とは別家の国持大名になったため、松平苗字の継承が認められたものになる。また蒲生家では、忠知の兄で当主となっていた忠郷が死去したのちは、忠知がその家督を継承したものの、のちに絶家になり、子孫に松平苗字は伝えられていない。

秀忠も、播磨池田家の後継である備前池田家（光政）の庶子と、加賀前田家の庶子に、松平苗字を与えている。池田家については、光政の同母弟の恒元に、前田家については、光高の同母弟の利次・利治に与えている。いずれも一代限りのことであったから、徳川将軍家の外孫としての扱いをうけ、それにともなって松平苗字を与えられたものととらえられる。

池田恒元（一六二一〜七一）は、池田利隆の次男で、光政の弟。母は秀忠養女・鶴である。そのため光政・恒元は、家康・秀忠の直接の子孫にはあたっていない。にもかかわらず恒元が松平苗字を与えられているのは、あとで触れるように、利隆が家康・秀忠の家族としての処遇をうけていたためと考えられる。恒元は、仮名三五郎を称していたが、寛永五年（一六二八）正月二十八日に、将軍家光から、従五位下・備後守に叙任され、松平苗字を与えられたことが伝えられている（「岡山池田家譜」）。

恒元はこの時、一八歳なので、それ以前に元服していた可能性も想定され、その場合には、それまでの家康外孫の事例とは異なって、元服時に与えられるのではなく、それ以降に、叙任にともなって与えられたものになる。ただし叙任の日付については、残存する口宣案《ぜんあん》などから、同九年十月一日であったことを確認できる（「池田文庫文書」『早稲田大学図書館紀要』四二号一二七〜九頁）。そのため家譜所伝の叙任時期とは齟齬《そご》がみられ、恒元が松平苗字を与えられた時期や経緯については、成案を得られないが、家譜所伝の寛永五年正月二十八日に、秀忠・家光に出仕したことにともなって、松平苗字を与えられたのではないか、とみておきたい。恒元に関して、松平苗字呼称については、「松平備後守」については確認されるものの、「三五郎」についてては確認されていないようである。今後の検討が必要となろう。

前田利次（一六一七～七四）は、前田利常の次男で、光高の弟。母は秀忠の次女・子々である。幼名千勝丸を称した。寛永八年十二月二十七日に、一五歳で、将軍家光のもとで元服し、松平苗字・受領名淡路守を与えられて、「松平淡路守利次」を称し、従四位下・侍従に叙任された。「東武実録」同日条に、「松平利次、従四位下・侍従に任じ、淡路守と号す」とみえている（『東武実録（二）』七四五頁）。これにより利次は、元服にともなって松平苗字を与えられ、さらに公家成《くげなり》大名にされている。国持大名家庶子が元服と同時に公家成したことは、これまで例はみられていない、極めて特殊な事例になる。それは利次が、秀忠の外孫であったため、まさに徳川家一門と同等に扱われたことを意味している。利次はその後、同十六年に父利常の隠居にともなって、越中富山領一〇万石を分知されて、のちには「富山侍従」を称した。ただし松平苗字は利次一代限りのもので、子孫には継承されていない。

前田利治（一六一八～六〇）は、前田利常の三男で、光高・利次の弟。母は同じく秀忠の次女・子々である。幼名宮松丸を称した。寛永十一年十二月十五日に、一七歳で、将軍家光のもとで元服し、松平苗字・受領名飛驒守を与えられて、「松平飛驒守」を称し、従四位下に叙された（「寛政重修諸家譜」「大聖寺前田家譜」）。第二章の前田利光（利常）のところで触れたように、出生年の関係から、子々の実子ではなかった可能性も想定されているが、公的には子々の実子として扱われていたことは確実とみなされる。元服年齢は少し遅いものの、それと同時に、松平苗字を与えられ、有力大名の指標である従四位下の位階を与えられていることは、利治も徳川将軍家の家族として扱われたことがうかがわれる。ただし兄利次とは異なって、公家成大名にされていないのは、三男であることからくる、格差が設けられていたことを示している。同十六年に父利常の隠居にともなって、加賀大聖寺領七万石を分知された。のちには侍従に任じられて公家成大名になっている。この利治の場合も、松平苗字は一代限りのもので、子孫には継承されていない。

池田輝政の男子、同利隆の男子、蒲生秀行の男子、そして前田利常の男子は、このように徳川将軍家の家族の扱いをうけていた。それはそれらが、徳川将軍家の外孫であったことによった。このことについては、すでに第二章でも触れたが、ここではあらためて、秀忠生前期における状況について、簡単ながらも取り上げておくことにしたい。典拠は、「台徳院殿御実紀」(『徳川実紀　第二篇』)と「慶長・元和年録」(『内閣文庫所蔵史籍叢刊65』)による。

元和二年正月元日の将軍秀忠への年頭挨拶において、尾張徳川義直・遠江徳川頼宣・水戸松平頼房・越前松平忠直に続いては、前田利常と池田利隆が出仕している。前田利常は秀忠の娘婿、池田利隆は秀忠養女婿であり、徳川家一門大名に準じる立場に置かれている。

正月元日の年頭挨拶に関する史料はしばらくみられないが、同八年から再び確認できるようになる。その元和八年には、水戸松平頼房に続いて、蒲生忠郷と松平忠昌（忠直の弟）が出仕している。蒲生忠郷は家康の外孫にあたっている。それが徳川家一門大名と同列に扱われている。元和九年正月元日では、尾張徳川義直・水戸松平頼房に続いて、松平忠昌・池田忠雄・藤堂高虎が出仕している。池田忠雄は家康外孫であった。

将軍職が秀忠から家光に代替わりしたのちの寛永元年正月元日では、紀伊徳川頼宣・水戸松平頼房に続いて、松平忠昌・蒲生忠郷が出仕している。同二年正月元日では、尾張徳川義直・駿河松平忠長・水戸松平頼房に続いて、池田忠雄が出仕し、それに続いて松平直政（忠直・忠昌の弟）・池田政綱・蒲生忠知・池田輝澄が出仕している。池田政綱・同輝澄・蒲生忠知は、家康の外孫であった。

同三年正月元日では、駿河松平忠長・紀伊徳川頼宣・水戸松平頼房に続いて、蒲生忠郷・本多忠刻《ただとき》（秀忠長女・千の婿）・松平直政が出仕している。その後はしばらく記録が残されておらず、同八年から再び確認される。同八年正月元日では、越後松平光長（忠直の子）・前田利次・同利治が出仕している。前田利常の庶子が、徳川家一門大名と同列に扱われていることがわかる。

これらの状況、および第二章で取り上げた事例から、秀忠の娘婿、家康の外孫、そして秀忠の外孫が、徳川家一門大名と同列に扱われて、すなわち徳川将軍家の家族として処遇されていたことがわかるであろう。第二章で取り上げた事例からは、その他にも、前田光高、池田光政・同光仲、浅野光晟がみられていた。前田光高は秀忠外孫、浅野光晟は家康外孫と、徳川将軍家に近い血縁にあたっているが、池田光政は利隆の嫡男、同光仲は同忠雄の嫡男と、世代が下っているにもかかわらず、父と同じく徳川家一門大名として扱われたのである。

家康・秀忠は、外孫にあたった外様国持大名家の庶子を、将軍家家族として扱った。家族として扱うことで、それらと将軍家との政治関係を密接なものとし、ひいては本来の一門大名と同じく、将軍家を支える有力な藩屏《はんぺい》としようとしたのであろう。そうするとそれらへの松平苗字の授与は、外様国持大名家に流れる家康・秀忠の血統を政治的に明示する方策でもあった、といえるかもしれない。

秀忠が作り出した松平苗字の在り方

家康が、秀忠の将軍任官を契機に開始した、外様国持大名への松平苗字の授与という政策は、秀忠の時に一応の完成をみた。家康は、家康・秀忠の娘婿、外孫、家康・秀忠の養女婿、養女所生の子、そして東国最大大名の伊達政宗に、松平苗字を与えた。当初は、娘婿との政治関係の密接化、羽柴苗字を称す有力大名を松平苗字に改称させること、羽柴家譜代系の有力大名との政治関係の密接化などを図ってすすめた、ととらえられる。そして家康の晩年には、松平苗字を称する外様国持大名の嫡男に松平苗字を与えて、それを継続させることを始めていた。

家康の死去により、その後を受け継いだ秀忠は、九州最大大名の島津家久に松平苗字を与えた。諸大名中で最大の領知高を有した前田家とあわせて、北の伊達家、南の島津家をともに松平苗字にすることで、それらを徳川将軍家の擬制的親族として、将軍家を支える体裁をとる、という在り方を作り出した。さらに将軍家の外孫、あるいは養女所生の嫡男であることをもとに、鍋島家・浅野家・肥後加藤家にも松平苗字を与えて、松平苗字を称する外様国持大名の割合を高めた。

さらに松平苗字を称した外様国持大名の二代目にも、引き続いて松平苗字を与えた。それによりそれらの外様国持大名家では、当主は代々、松平苗字を与えられるという在り方が形成された。そして肥後加藤家に松平苗字を与えた事例を最後に、新たに松平苗字を与えられた外様国持大名はみられていない。そのことはすなわち、外様国持大名家に松平苗字を与える、という政策は、秀忠の段階で一応の完成をみたことを意味しよう。

その結果、伊達・前田・両池田・浅野・毛利・蜂須賀・山内・黒田・鍋島・島津の一一家の外様国持大名家が、代々松平苗字を称するものとして存続した。松平苗字を与えられていない有力な外様国持大名は、肥後（もと豊前）細川家のみという状態になった。領知高の大きい有力大名は、徳川家一門か外様国持大名、それに徳川家譜代の有力者に限られていた。そこでは、一門大名と外様大名のほとんどは、みな松平苗字を称していた。それはすなわち、諸国の有力大名のほとんどは、松平苗字を称していた、ということであった。あたかも列島は、松平苗字を称する有力大名によって、地域統治がおこなわれ、それを松平氏一族の総本家たる徳川将軍家が統括している、そのような状況が現出された。それこそが、秀忠が、徳川政権の安定的存続のために仕掛けた演出、といえるように思われる。

主要参考文献

石坂善次郎『池田光政公伝　上巻』（私家版、一九三二年）
稲葉継陽『細川忠利〈歴史文化ライブラリー471〉』（吉川弘文館、二〇一八年）
大西泰正編『前田利家・利長〈シリーズ・織豊大名の研究3〉』（戎光祥出版、二〇一六年）
河手龍海『因州藩鳥取池田家の成立　池田光仲とその時代〈郷土シリーズ17〉』（鳥取市教育福祉振興会、一九八一年）
木越隆三『隠れた名君　前田利常〈歴史文化ライブラリー533〉』（吉川弘文館、二〇二一年）
木下聡編『豊臣期武家口宣案集』（東京堂出版、二〇一七年）
倉地克直『池田光政〈ミネルヴァ日本評伝選107〉』（ミネルヴァ書房、二〇一二年）
黒田基樹『羽柴を名乗った人々〈角川選書578〉』（KADOKAWA、二〇一六年）
同『近世初期大名の身分秩序と文書〈戎光祥研究叢書11〉』（戎光祥出版、二〇一七年）
同『羽柴家崩壊〈中世から近世へ〉』（平凡社、二〇一七年）
同『戦国大名・北条氏直〈角川選書645〉』（KADOKAWA、二〇二〇年）
同『家康の正妻　築山殿〈平凡社新書1014〉』（平凡社、二〇二二年）
同『徳川家康の最新研究〈朝日新書902〉』（朝日新聞出版、二〇二三年）
同編『徳川家康とその時代〈戦国大名の新研究3〉』（戎光祥出版、二〇二三年）
黒屋直房『中津藩史』（国書刊行会、一九九一年第二版）
佐々木倫朗『堀尾吉晴と忠氏〈松江市ふるさと文庫4〉』（松江市教育委員会、二〇〇八年）
島田成矩『堀尾吉晴』（今井書店、一九九五年）
田中建彦・田中充恵『秀吉の忠臣田中吉政とその時代』（鳥影社、二〇一二年）
谷徹也編『蒲生氏郷〈シリーズ・織豊大名の研究9〉』（戎光祥出版、二〇二一年）

谷口澄夫　『池田光政〈人物叢書〉』（吉川弘文館、一九六一年）
中沢肇　『越後福島城史話』（北越出版、一九八二年）
中野等　『筑後国主田中吉政・忠政〈柳川の歴史3〉』（柳川市、二〇〇七年）
中村孝也　『家康の族葉』（講談社、一九六五年）
中村忠文編　『中村一氏・一忠伝』（今井書店鳥取出版企画室、二〇〇七年）
長屋隆幸　『山内一豊・忠義〈ミネルヴァ日本評伝選226〉』（ミネルヴァ書房、二〇二一年）
西島太郎　『京極忠高の出雲国・松江〈松江市ふるさと文庫8〉』（松江市教育委員会、二〇一〇年）
野口朋隆　『徳川将軍家　総論編〈家からみる江戸大名〉』（吉川弘文館、二〇二三年）
橋本政次　『姫路城史上巻』（名著出版、一九七三年）
春名徹　『細川三代　幽斎・三斎・忠利』（藤原書店、二〇一〇年）
福田千鶴　『江の生涯〈中公新書2080〉』（中央公論新社、二〇一〇年）
同　『徳川秀忠』（新人物往来社、二〇一一年）
同　「加藤忠廣の基礎的研究」（『九州文化史研究所紀要』六二号、二〇一九年）
福田正秀　『加藤清正と忠廣』（ブイツーソリューション、二〇一九年）
藤井讓治　『徳川家康〈人物叢書300〉』（吉川弘文館、二〇二〇年）
堀直敬　『堀家の歴史　飯田・村松・須坂・椎谷』（堀家の歴史研究会、一九六七年）
水野勝之・福田正秀『加藤清正「妻子」の研究』（ブイツーソリューション、二〇〇七年）
同　『続加藤清正「妻子」の研究』（ブイツーソリューション、二〇一二年）
見瀬和雄　『前田利長〈人物叢書292〉』（吉川弘文館、二〇一八年）
光成準治　『毛利氏の御家騒動〈中世から近世へ〉』（平凡社、二〇二二年）
山口隆治　『大聖寺藩祖　前田利治』（北国新聞社、一九八八年）
山本博文　『江戸城の宮廷政治』（読売新聞社、一九九三年）

徳川家康・秀忠と外様国持大名婚姻関係系図

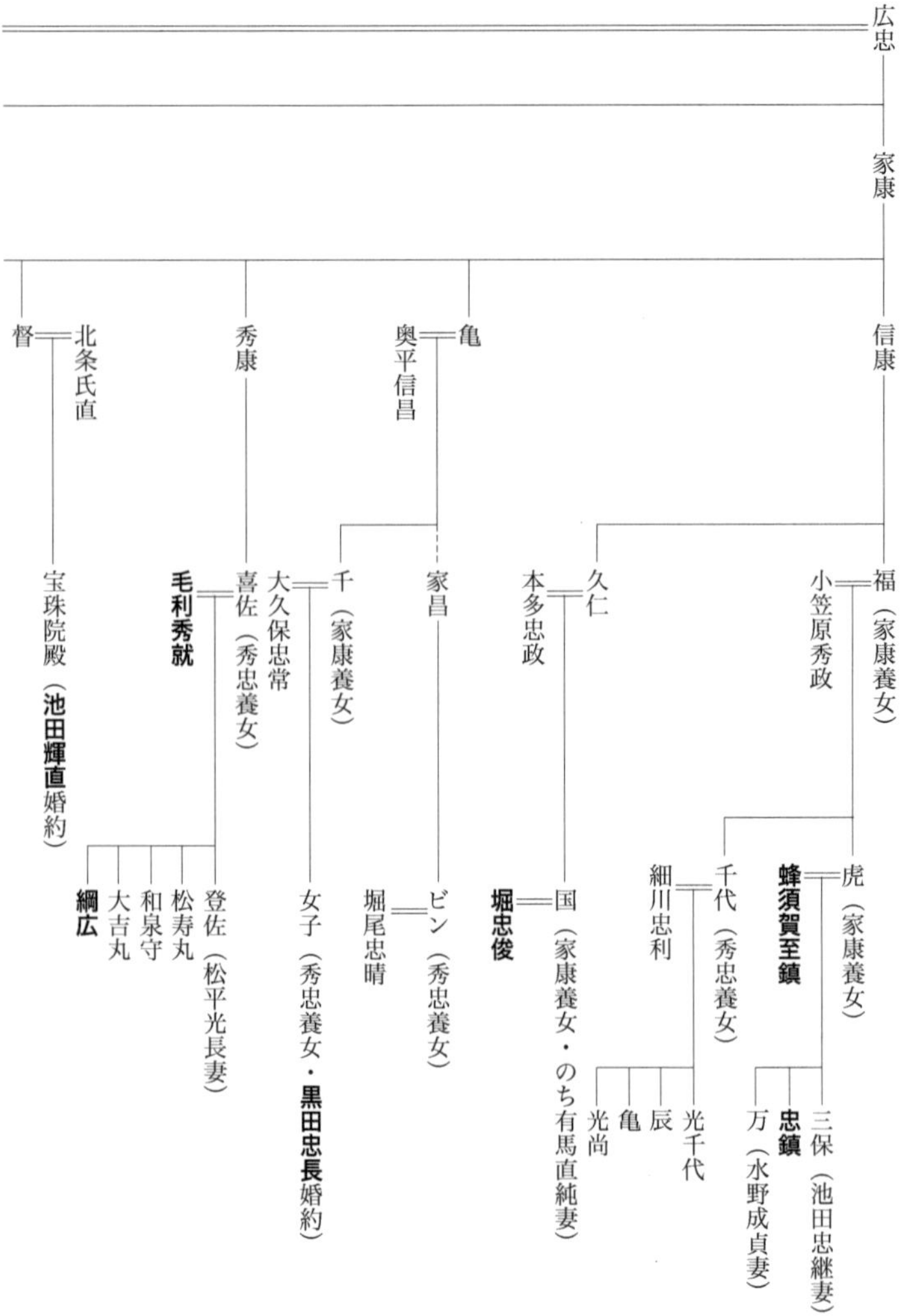

徳川家康・秀忠と外様国持大名婚姻関係系図

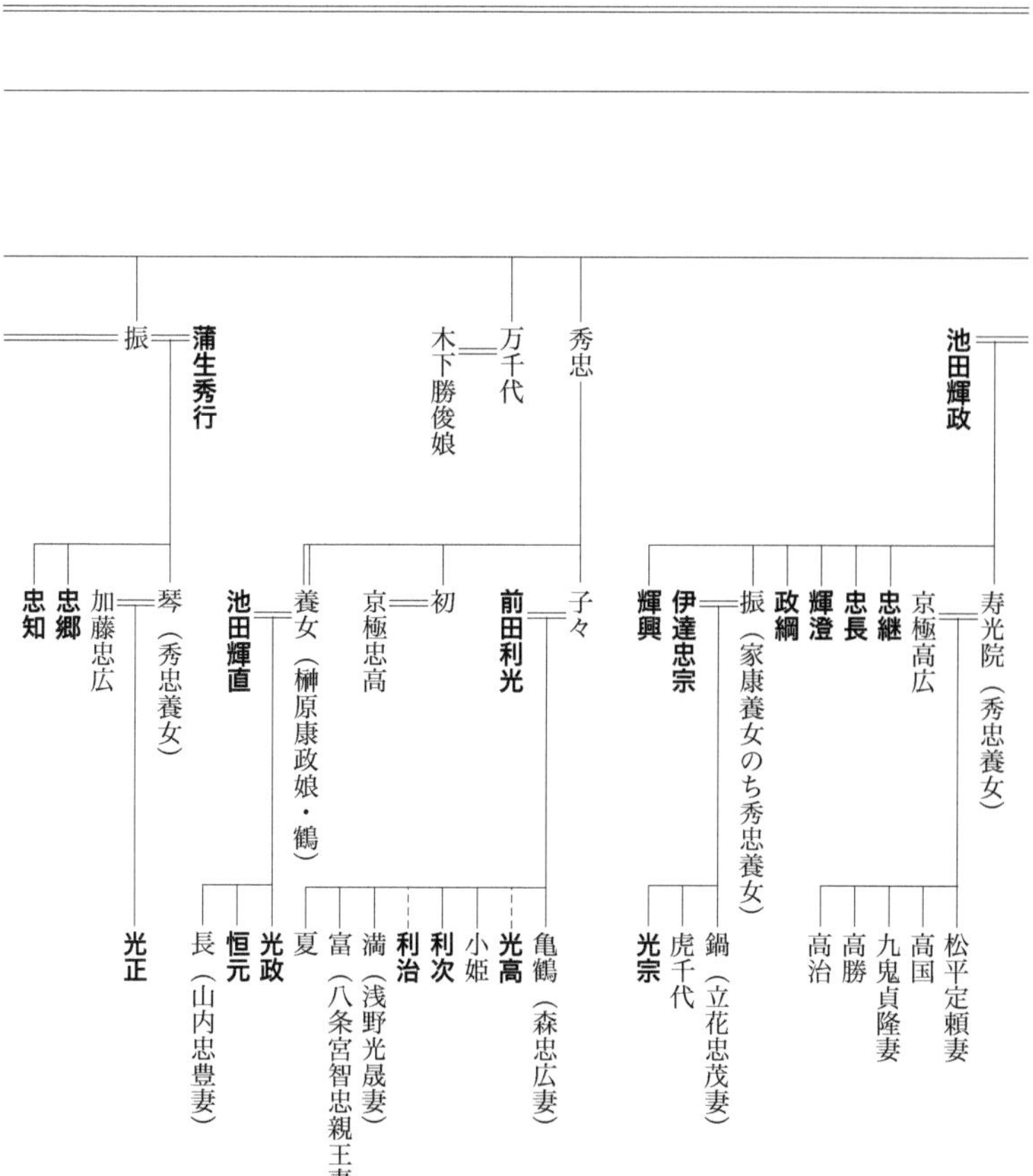

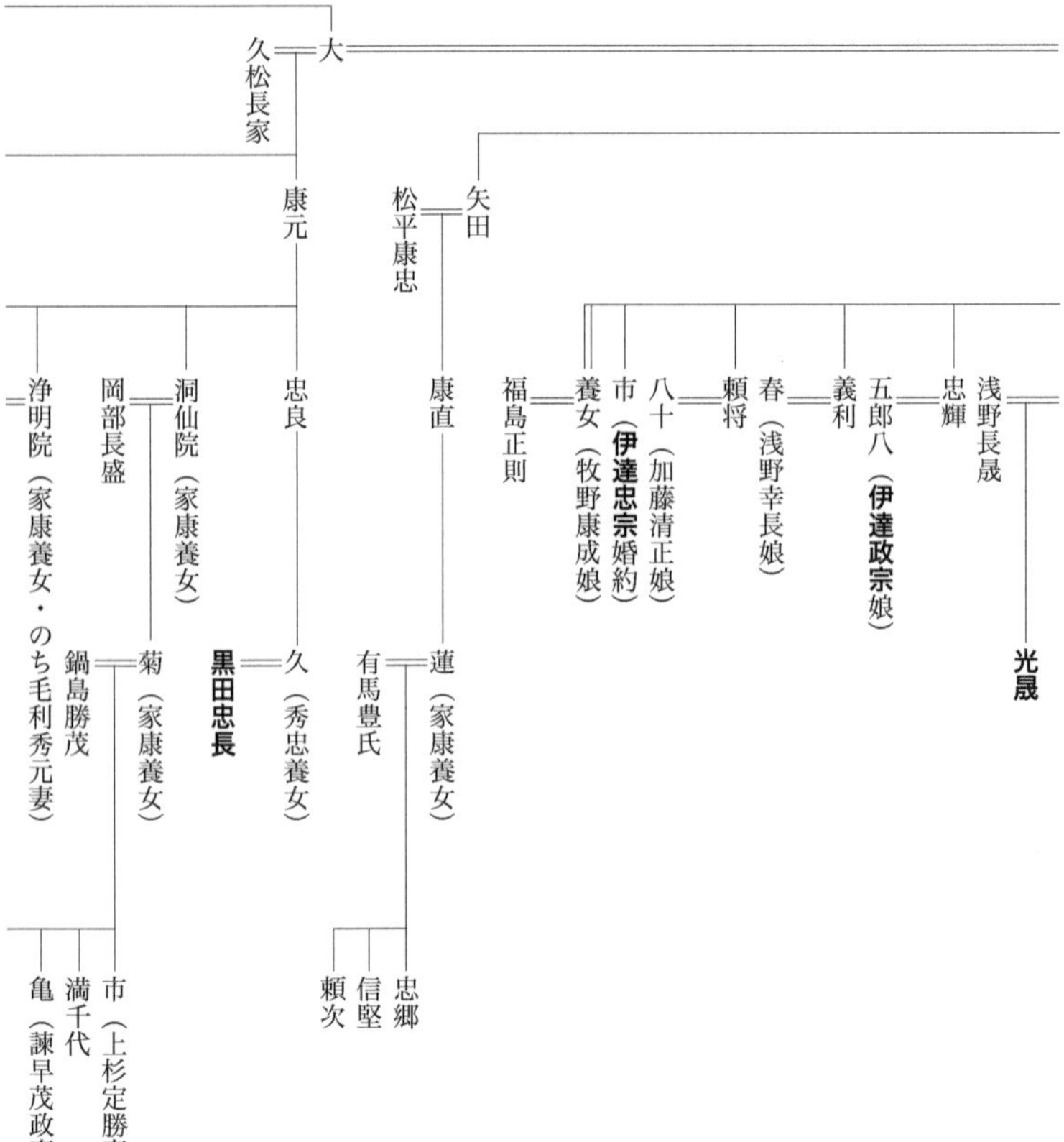
大
久松長家
康元
矢田
松平康忠
浅野長晟
忠輝
五郎八（伊達政宗娘）
義利
春（浅野幸長娘）
頼将
八十（加藤清正娘）
市（伊達忠宗婚約）
養女（牧野康成娘）
福島正則
康直
忠良
洞仙院（家康養女）
岡部長盛
浄明院（家康養女・のち毛利秀元妻）
光晟
蓮（家康養女）
有馬豊氏
久（秀忠養女）
黒田忠長
菊（家康養女）
鍋島勝茂
忠郷
信堅
頼次
市（上杉定勝妻）
満千代
亀（諫早茂政妻）

徳川家康・秀忠と外様国持大名婚姻関係系図

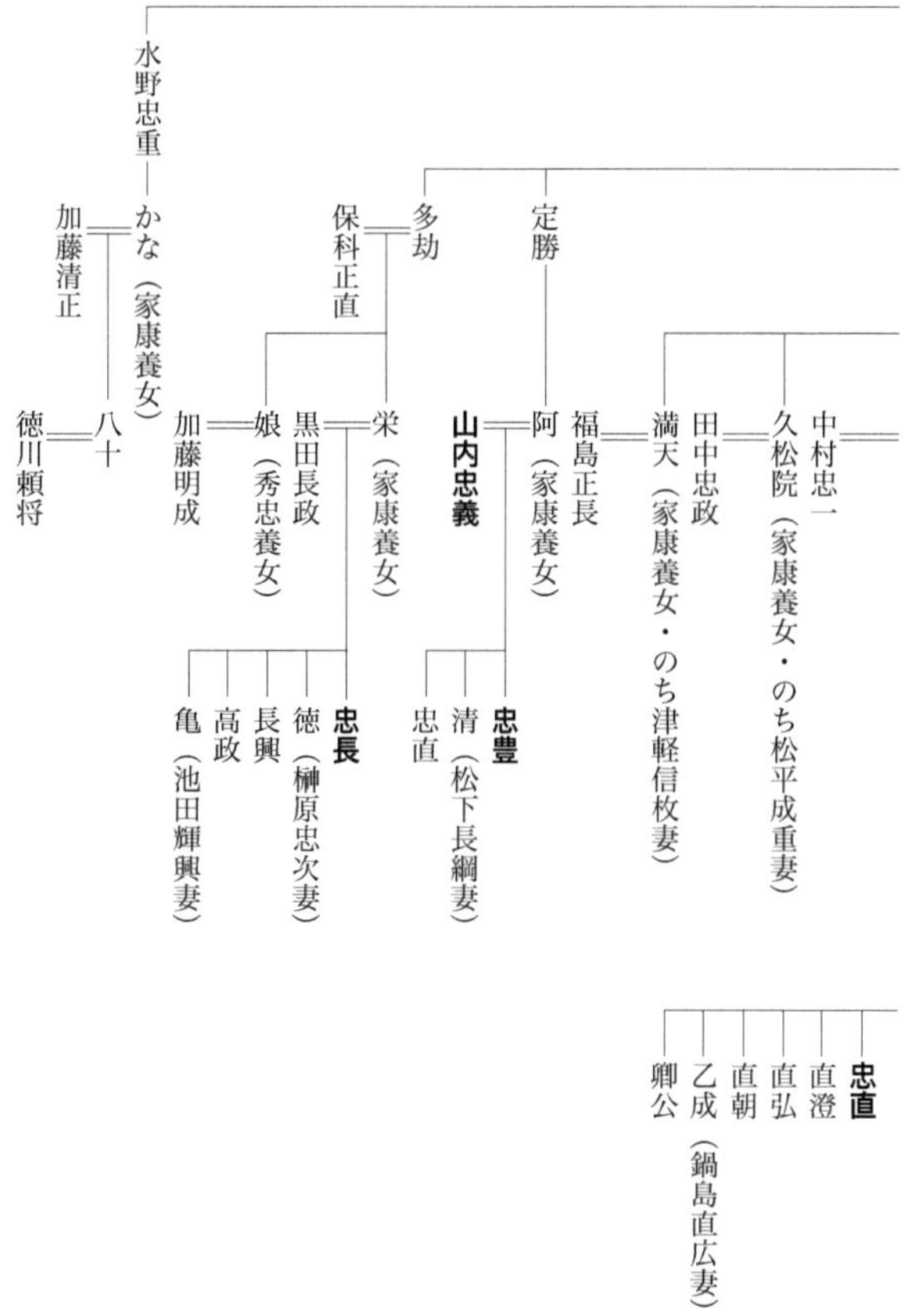

（注）実名の太字は松平苗字を与えられた者。

元和・寛永期大名公家成一覧

叙任年月日	任官者	任官官位	従四位下叙位者	史料出典
元和元・正・11	松平忠昌	侍従　従五位下		○越前松平文庫
正・27	松平忠昌	(従四位下)		○越前松平文庫
⑥・19	松平忠直	参議　正四位下		国事叢記
	松平(前田)利光(利常)	参議　正四位下		
	松平(伊達)政宗	参議　正四位下		○伊達家文書
	井伊直孝	侍従　従四位下		○井伊家文書
			松平定勝	
			藤堂高虎	○柳原家記録
7・16			浅野長晟	○浅野家文書
2・正・23	松平(池田)忠長(忠雄)	侍従　従四位下		広橋家文書
2・25			生駒正俊	○生駒家宝簡集
3月	松平(蒲生)忠郷	侍従　従四位下		押小路文書
10・2	松平(伊達)忠宗	侍従　正五位下		貞山公治家記録
10・25	織田信良	侍従　正五位下		織田家雑録
	織田信則	侍従　従五位下		織田家雑録
	織田長晴(良雄)	侍従　従五位下		
11・29	織田信良	(従四位下)		○柳原家記録
12・26	京極高広	侍従　従五位下		
12・27	福島忠勝	侍従　従五位下		○柳原家記録
3・3・17	宗義成	侍従　従五位下		
3・22	宗義成	(従四位下)		
6・21	福島正則	参議　正四位下		福島家系譜
7・16	福島忠勝	(従四位下)		広橋家文書
7・18	島津家久	参議　正四位下		○島津家文書

7・19	徳川義利（義直）	中納言　従三位		○菊亭文書
	徳川頼将（頼宣）	中納言　従三位		菊亭文書
12月カ			松平（池田）輝澄	
6・8・21	松平頼房	参議・左中将　正四位下		○菊亭文書
8・22	松平忠長	参議・右中将　従四位下		
9・2・13	上杉定勝	侍従　従四位下		上杉文書
7・27	松平忠長	中納言　従三位		
8・6	松平定勝	左少将		
	松平（池田）光政	侍従　従四位下		池田文庫文書
			松平直政	
8・27カ			松平（蒲生）忠知	
⑧・23			加藤嘉明	○水口加藤文書
9・10			松平（蜂須賀）忠鎮（忠英）	○蜂須賀家文書
11・19			板倉重宗	
12・8	織田信良	左少将　従四位上		織田家雑録
12・15	板倉勝重	侍従		
12・23	板倉重宗	侍従		
同年	織田信則	（従四位下）		織田家雑録
寛永2・11・19	藤堂高虎	侍従		○高山公実録
3・8・19	徳川義直	大納言　従二位		○菊亭文書
	徳川頼宣	大納言　従二位		菊亭文書
	松平忠長	大納言　従二位		
	松平頼房	中納言　従三位		○菊亭文書
	松平（前田）利常	中納言　従三位		
	松平（伊達）政宗	中納言　従三位		○伊達家文書
	松平（島津）家久	中納言　従三位		○島津家文書
	松平忠昌	参議　正四位下		国事叢記

松平(池田)忠雄	参議	正四位下	
松平(蒲生)忠郷	参議	正四位下	
森忠政	左中将	従四位上	○森家先代実録
佐竹義宣	左中将	従四位上	○佐竹文庫
細川忠利	左少将		○綿考輯録
京極忠高	左少将		○丸亀市立資料館所蔵文書
上杉定勝	左少将		
松平(池田)光政	左少将		池田文庫文書
藤堂高虎	左少将		○高山公実録
松平(毛利)秀就	右少将		○阿川毛利文書
井伊直孝	右少将		○井伊家文書
松平(伊達)忠宗	右少将	従四位下	記録抜書
京極高広	(従四位下)		
伊達秀宗	(従四位下)		記録抜書
松平直政	侍従		国事叢記
松平(池田)輝澄	侍従		
松平(蒲生)忠知	侍従		
浅野長晟	侍従		○浅野家文書
加藤嘉明	侍従		○水口加藤文書
堀尾忠晴	侍従		
松平(山内)忠義	侍従		○忠義公紀
松平(蜂須賀)忠鎮(忠英)	侍従		○蜂須賀家文書
松平忠明	侍従	従四位下	
加藤忠広	侍従	従四位下	
鍋島勝茂	侍従	従四位下	
松平(黒田)忠之	侍従	従四位下	
森忠広	侍従	従四位下	森家先代実録

	佐竹義隆	侍従	従四位下	
	本多忠政	侍従	従四位下	
	松平直基			国事叢記
	松平直久(直良)			国事叢記
	松平定行			
	松平(池田)政綱			
	寺沢広高			
	南部利直			
	生駒高俊			○生駒家宝簡集
	有馬豊氏			
	藤堂高次			
	松平(榊原)忠次			
	松平(戸田)康長			
	水野勝成			
	酒井忠勝(庄内)			
	土井利勝			
	酒井忠世			
	鳥居忠政			
9・6	土井利勝	侍従		
同年	酒井忠世	侍従		
4・正・7	松平頼房	(正三位)		
6・4・5	織田信友(高長)	侍従	従四位下	織田家雑録
4・23	松平(前田)光高	左少将	従四位下	
12・7	松平光長	左少将	従四位下	○越前松平文庫
8・4・1	松平(島津)光久	侍従	従四位下	○島津家文書
12・27	松平(前田)利次	侍従	従四位下	
12・29	井伊直滋	侍従	従四位下	通茂公記

9・7・7				松平光貞	
12・1	酒井忠勝	侍従	従四位下		○小浜酒井家文庫
12・28				保科正之	
				内藤政長	○内藤家文書
10・9・5				松平五郎八(光友)	
11・7・16	保科正之	侍従			
	松平定行	侍従			
	有馬豊氏	侍従			
	松平(浅野)光晟	侍従	従四位下		○浅野家文書
				松平定綱	
				酒井忠行	官位之留
7・21				牧野忠成	
7・22	藤堂高次	侍従			
	加藤明成	侍従	従四位下		○水口加藤文書
				松平(池田)輝興	
				松平(松井)康重	○光西寺松井家文書
				松平家信	
				石川忠総	
				戸田氏鉄	
⑦・29				堀田正盛	
				阿部忠秋	
				松平信綱	
8・8				小笠原忠政(忠真)	
9・15				奥平忠昌	
10・16	本多政朝	侍従	従四位下		官位之留
12・15				松平(前田)利治	
12・7・23	細川光利(光尚)	侍従	従四位下		○綿考輯録

11・5			毛利光広	○長府毛利文書
12・19	森長継	侍従　従四位下		○森家先代実録
13・7・6			徳川光国(光圀)	
15年			松平(池田)光仲	官位之留
17・3・29	徳川光義(光友)	参議・右中将		
	徳川光貞	参議・右中将		
	徳川光国(光圀)	右中将		
4・1	松平頼重	侍従　従四位下		
7・11	徳川光義(光友)	(従三位)		
	徳川光貞	(従三位)		
	徳川光国(光圀)	(従三位)		○菊亭文書
12・19			本多政勝	官位之留
12・29	堀田正盛	侍従		
18・9・1			酒井忠清	官位之留
同年			立花忠茂	官位之留
19・12・29	松平(池田)光仲	侍従		山内文書
			丹羽光重	○丹羽家所蔵史料
			水野勝重	○結城水野家文書
20・7・16	酒井忠清	侍従		官位之留
10・14	酒井忠勝	左少将　従四位上		○小浜酒井家文庫
11・25	松平信綱	侍従		
12・29	松平(伊達)光宗	侍従　従四位下		○伊達家文書
			黒田長之(光之)	
			京極高国	
			有馬忠郷(忠頼)	

(注)叙任年月日欄の○は閏月を、史料出典欄の○は、口宣案の残存を示す。史料出典無記載は『寛政重修諸家譜』などによる。

あとがき

本書は、二〇一六年に同じ角川選書で刊行した『羽柴を名乗った人々』の続編にあたるといってよい。同書は、羽柴（豊臣）政権期に、有力大名がすべて羽柴苗字を称している状況について、できるだけ詳しく取り上げたものになる。それを受け継ぐようにして本書は、徳川家康が「天下人」になってから、羽柴苗字を称する有力大名が減少し、逆に松平苗字を称する有力大名が増加していく状況を取り上げたものになる。

そうした羽柴政権期および家康政権期における、政権による有力大名への苗字授与については、有力大名への官位授与の状況とともに、私にとって、およそ三〇年ほど前に取り組んでいた研究テーマになる。そのうちの研究論文については、二〇一七年に『近世初期大名の身分秩序と文書』（戎光祥出版）として集成、刊行し、羽柴政権期については前書『羽柴を名乗った人々』をあらためてまとめたところであった。残されていた課題が、関ヶ原合戦以降の状況であったが、本書の刊行はそれを実現するものになる。なお本書には、付録として、元和元年（一六一五）から寛永二十年（一六四三）までの、公家成大名・従四位下叙位大名の一覧を掲載しているが、それは『近世初期大名の身分秩序と文書』で、元和元年までの一覧を掲載していたため、その続編として収録したかたちになっている。

刊行の契機は、やはりＮＨＫ大河ドラマ「どうする家康」の放送にある。家康政権に関わる内容のため、この機会に刊行したいと考えたことによる。有力大名が、羽柴政権期では羽柴苗字を称し、家康政権期になると、羽柴苗字を廃する大名、羽柴苗字から松平苗字に改称する大名がみられた状況については、いまだ一般的にはあまり認識されていない事柄といえるであろう。しかしながら、政権が外様有力大名とどのような政治関係を構築したのかは、それぞれの政権の性格を認識するうえで重要な問題といえる。そのためこの機会に、家康政権における状況について、あらためてまとめることで、一般への周知をこころみたいと思ったのである。

もっとも基礎データは三〇年ほど前のものであったため、刊行の準備のなかで、最新の資料データに更新をこころみた。あらためてみてみると、あの時期によくそれだけ確認していたものだと、我ながら感心した。とはいえ、なかにはどうしても史料典拠を再確認できなかったものもあった。それについては今後の関連研究での再確認に委ねざるをえない。また当時は、苗字と官位授与の状況について整理していたにすぎなかったが、本書を執筆するにあたって、家康政権期における外様有力大名との婚姻関係の展開状況についても、詳しく取り上げることにした。松平苗字授与が、婚姻関係の形成と密接に関連している状況がみえてきたからであった。その結果、家康は関ヶ原合戦後、実に二〇件近くにおよんで、外様有力大名と婚姻関係を形成していたことがわかった。これはとても異常な事態と思われる。合戦後の家康の政治課題が、それら外様有力大名との安定的な政治関係の構築にあったことを、明確に認識できることとなった。

本書によって、かつて取り組んでいた家康による外様有力大名への苗字・官位授与の問題については、これで区切りをつけることができたと思う。もっともこれらの問題については、いまだ近世初期政治史研究において、あまり進展していないようである。だからこそ本書を刊行することにしたのだが。しかしあらためて検討してみると、徳川政権と外様有力大名との関係の在り方は、家康段階はまだ途上であり、続く秀忠・家光段階を経てようやく、いわゆる江戸幕府における大名統制秩序として完成されていくことが見通される。私自身がその問題に取り組む時間的余裕は、残されていないと思われるので、今後において関連研究が進展することを期待しておきたい。近世初期大名研究には、無限とも思えるほど、研究の余地が広がっていることを感じている。

本書もまた、ＫＡＤＯＫＡＷＡ教養・生活文化局学芸ノンフィクション編集部の竹内祐子さんのお世話になった。末筆ながらあらためて御礼を申し上げます。

二〇二三年八月

黒田基樹

黒田基樹（くろだ・もとき）

1965年東京生まれ。早稲田大学教育学部社会科地理歴史専修卒業。博士（日本史学）。専門は日本中世史。駿河台大学教授。著書に『真田信之』『羽柴を名乗った人々』『井伊直虎の真実』『戦国大名・伊勢宗瑞』『戦国大名・北条氏直』（角川選書）、『関東戦国史』『戦国大名の危機管理』（角川ソフィア文庫）、『徳川家康の最新研究』（朝日新書）、『下剋上』（講談社現代新書）、『百姓から見た戦国大名』（ちくま新書）、『戦国北条五代』（星海社新書）、『戦国大名』（平凡社新書）、『北条氏康の妻 瑞渓院』『今川氏親と伊勢宗瑞』（平凡社）などがある。

角川選書 668

家康《いえやす》の天下《てんか》支配戦略《しはいせんりやく》　羽柴《はしば》から松平《まつだいら》へ

令和5年10月18日　初版発行

著　者／黒田基樹《くろだもとき》

発行者／山下直久

発　行／株式会社KADOKAWA
〒102-8177　東京都千代田区富士見2-13-3
電話 0570-002-301（ナビダイヤル）

印刷所／株式会社KADOKAWA

製本所／株式会社KADOKAWA

装　丁／片岡忠彦　　帯デザイン／Zapp!

ISBN 978-4-04-703724-3　C0321

◆◇◇

角川選書

この書物を愛する人たちに

詩人科学者寺田寅彦は、銀座通りに林立する高層建築をたとえて「銀座アルプス」と呼んだ。戦後日本の経済力は、どの都市にも「銀座アルプス」を造成した。アルプスのなかに書店を求めて、立ち寄ると、高山植物が美しく花ひらくように、書物が飾られている。

印刷技術の発達もあって、書物は美しく化粧され、通りすがりの人々の眼をひきつけている。しかし、流行を追っての刊行物は、どれも類型的で、個性がない。歴史という時間の厚みのなかで、流動する時代のすがたや、不易な生命をみつめてきた先輩たちの発言がある。また静かに明日を語ろうとする現代人の科白がある。これらも、銀座アルプスのお花畑のなかでは、雑草のようにまぎれ、人知れず開花するしかないのだろうか。マス・セールの呼び声で、多量に売り出される書物群のなかにあって、選ばれた時代の英知の書は、ささやかな「座」を占めることは不可能なのだろうか。マス・セールの時勢に逆行する少数な刊行物であっても、この書物は耳を傾ける人々には、飽くことなく語りつづけてくれるだろう。私はそういう書物をつぎつぎと発刊したい。真に書物を愛する読者や、書店の人々の手で、こうした書物はどのように成育し、開花することだろうか。私のひそかな祈りである。「一粒の麦もし死なずば」という言葉のように、こうした書物を、銀座アルプスのお花畑のなかで、一雑草であらしめたくない。

一九六八年九月一日

角川源義

真田信之
真田家を継いだ男の半生
黒田基樹

戦いから平和への時代転換の中で、真田信之はいかにして真田家の存続を図ったか。政治的な動向と領国支配の実態を明らかにしつつ、沼田城から上田城に本拠を移すまでの半生を史料に基づき丹念に追いかける。

569 | 240頁

978-4-04-703584-3

羽柴を名乗った人々
黒田基樹

秀吉は、旧織田家臣や旧戦国大名に羽柴名字を与えることで「御一家」と位置づけた。羽柴家の論理による秩序化である。全く新しい武家の政治序列の方法を創出した、秀吉の野望と類い稀な政治手腕を描く。

578 | 264頁

978-4-04-703599-7

井伊直虎の真実
黒田基樹

遠江国井伊谷領を領国とした国衆・井伊家最後の当主である一方、実像は殆ど知られていない直虎。わずかに現存する古文書から、解読が難しい「井伊谷徳政」の実態とともに、直虎の実像と領国経営を明らかにする。

586 | 216頁

978-4-04-703621-5

戦国大名・伊勢宗瑞
黒田基樹

伊勢宗瑞は「大器晩成の典型」などと評されてきた。しかし近年、その人物像は大きく書き換えられた。北条氏研究の第一人者が、「戦国大名」の構築の経緯を明らかにし、伊勢宗瑞の全体像を描く初の本格評伝。

624 | 272頁

978-4-04-703683-3

角川選書

角川選書

戦国大名・北条氏直
黒田基樹

小田原北条家の五代目で最後の当主・氏直。戦国の最終局面を生きた僅か30年の生涯は、「天下人」信長・秀吉・家康との関係に彩られた人生であった。その生涯をたどり、戦国の激動の状況を鮮やかに活写する。

645 | 272頁

978-4-04-703705-2

青年家康
松平元康の実像
柴裕之

青年期の家康＝松平元康は、いかに今川家の従属から独立し敵対していったのか。同時代の戦国大名と国衆との関係のあり方を踏まえ、父・広忠時代からの松平氏の歩みや今川義元の三河支配と実態を徹底検証。

662 | 216頁

978-4-04-703711-3

徳川家康と武田信玄
平山 優

あせる信玄、ゴネる家康!? 桶狭間合戦や三河一向一揆から信玄の駿河侵攻と三方原合戦まで。大河ドラマ「どうする家康」時代考証担当が、膨大な史実の「点と点」を繋ぎ合わせ、新しい戦国史を提示する。

664 | 352頁

978-4-04-703712-0

忍者とは何か
忍法・手裏剣・黒装束
吉丸雄哉

忍者はいつから手裏剣を投げるようになったのか？ 歌舞伎、小説、漫画、ゲームなど、さまざまな作品に登場しえがかれることで、イメージが変化してきた忍者。その軌跡をたどり、イメージの変遷を辿る。

661 | 472頁

978-4-04-703623-9